DA NATUREZA JURÍDICA
DO PROCESSO
À DECISÃO JUDICIAL
DEMOCRATIZADA

Welington Luzia Teixeira

DA NATUREZA JURÍDICA DO PROCESSO À DECISÃO JUDICIAL DEMOCRATIZADA

Prefácio
Rosemiro Pereira Leal

Belo Horizonte

2008

© 2008 Editora Fórum Ltda.

É proibida a reprodução total ou parcial desta obra,
por qualquer meio eletrônico,
inclusive por processos xerográficos,
sem autorização expressa do Editor.

Editora Fórum Ltda.
Av. Afonso Pena, 2770 – 15º/16º andar
Funcionários – CEP 30130-007
Belo Horizonte – Minas Gerais
Tel.: (31) 2121.4900 / 2121.4949
www.editoraforum.com.br
editoraforum@editoraforum.com.br

Editor responsável: Luís Cláudio Rodrigues Ferreira
Coordenação editorial: Olga M. A. Sousa
Revisão: Carolina Rocha
Bibliotecária: Leila Aparecida Anastácio - CRB 2513 - 6ª Região
Capa, projeto gráfico e formatação: Walter Santos

T266d Teixeira, Welington Luzia

        Da natureza jurídica do processo à decisão judicial democratizada / Welington Luzia
Teixeira; prefácio Rosemiro Pereira Leal. Belo Horizonte: Fórum, 2008.

        161 p.
        ISBN 978-85-7700-169-9

        1. Direito processual. 2. Estado Democrático de Direito. 3. Processo. I. Leal,
Rosemiro Pereira. II. Título.

                                      CDD: 341.4
                                      CDU: 347.9

Informação bibliográfica deste livro, conforme a NBR 6023:2002 da Associação Brasileira
de Normas Técnicas (ABNT):

TEIXEIRA, Welington Luzia. *Da natureza jurídica do processo à decisão judicial democratizada.*
Belo Horizonte: Fórum, 2008. 161 p. ISBN 978-85-7700-169-9.

Dedicatórias

À minha mãe, às memórias do meu pai e do meu irmão, e a toda minha família.

À minha esposa Roberta, companheira e incentivadora. Às minhas filhas Cecília e Gabriela, que viverão o direito democratizado.

Aos meus amigos do escritório: Alexandre, Azevedo, Elaine, Fabrício e Michelle, que contribuíram para a realização deste sonho.

Ao meu amigo Carlos Antonio, *in memoriam*, que me introduziu no fascinante mundo da leitura.

Aos meus amigos, Acácio e José Márcio, pelos 25 anos de amizade.

Agradecimentos

A Deus, por ter permitido.

Ao Prof. Dr. Ronaldo Brêtas, pela paciência e eficiência da orientação.

Ao Prof. Dr. Rosemiro Pereira Leal, por não se curvar às mágicas jurídicas deste país e por ensinar aos seus alunos a não se curvarem.

...depois de tantos desmandos, ainda ficam os julgadores autorizados a adotar em cada caso a decisão que acharem mais justa e equânime (seres privilegiados que são) atendendo aos fins sociais da lei e às exigências do bem comum.

(J. J. Calmon de Passos)[1]

---

[1] A crise do Poder Judiciário e as reformas instrumentais: avanços e retrocessos. In: MERLE, Jean-Christofhe; MOREIRA, Luiz (Org.). *Direito e legitimidade*. São Paulo: Landy, 2000. p. 123.

Sumário

Prefácio
Rosemiro Pereira Leal 13

Introdução 17

Capítulo 1
Estado Democrático de Direito, jurisdição e processo 23
1   Breve incursão sobre Estado Democrático de Direito 25
2   Jurisdição 35
2.1 Celeridade processual – Atributo da jurisdição 40
3   Processo 45

Capítulo 2
Teorias sobre a natureza jurídica do processo 55
1   Teoria do processo como contrato 55
2   Teoria do processo como quase-contrato 58
3   Teoria do processo como relação jurídica entre pessoas 60
4   Teoria do processo como situação jurídica 73
5   Teoria do processo como instituição jurídica 79
6   Teoria do processo como procedimento realizado
     em contraditório 82
7   Teoria constitucionalista do processo 89
8   Teoria neo-institucionalista do processo 91

Capítulo 3
Princípios institutivos do processo constitucional 99
1   Princípio do contraditório...100
2   Princípio da ampla defesa 108
2.1 Duplo grau de jurisdição como corolário lógico da
     ampla defesa 113
3   Princípio da isonomia 117

Capítulo 4
A construção do provimento jurisdicional no
Estado Democrático de Direito..123
1   A contribuição da doutrina de Elio Fazzalari............................124
2   A contribuição da teoria discursiva de Jürgen Habermas...........128
3   Prevalência da teoria neo-institucionalista do processo.............140
4   O papel do juiz e das partes no processo democrático..............146
5   O provimento jurisdicional e seus efeitos...............................153

Referências 157

Prefácio

A dissertação de mestrado de Welington Luzia Teixeira, agora publicada, que encaminhou o tema da construção do provimento jurisdicional no Estado Democrático de Direito, com a qual obteve merecidamente seu título de Mestre com nota máxima em Direito Processual pela Pontifícia Universidade Católica (PUC/Minas), cuidou da *jurisdição* e do *processo* e, ao privilegiar os princípios do contraditório, da ampla defesa e isonomia (cujos conteúdos são enciclopédicos para qualquer estudioso), presta esclarecimentos em generosa oferta para futuros pesquisadores do tema. O entrelaçamento dessa principiologia com a preocupação científica (epistemológica) de apontar os fundamentos do Direito Democrático é que recomenda esta publicação a todos quantos se dedicam à compreensão do paradigma do Estado Democrático na contemporaneidade que já não pode aceitar o fracassado modelo civilizatório da paidéia grega como ponto de auxílio à construção de uma Sociedade Democrática.

O professor Welington Luzia Teixeira adentra a estrutura teórica dos provimentos (decisões) no Estado Democrático, salientando aspectos que identificam as conjecturas do discurso argumentativo pertinentes a obter a legitimidade decisória, afastando de modo seguro, por uma pesquisa densa e adequada, as seqüelas insistentes dos alardeados e lamentavelmente cultuados escopos metajurídicos do processo que o colocam como mero instrumento de uma jurisdição ainda considerada redentora dos aflitos como se vê das infelizes e últimas REFORMAS das leis processuais, não só no Brasil, mas, principalmente, na velha Europa que é o mercado exportador de excrescências alarmantes de um saber processual paternalista que desserve os povos periféricos e miserabilizados.

Certamente que um direito processual inovador, atento ao atendimento da garantia constitucionalizada do *processo* como discurso axial e indescartável da criação, atuação, aplicação e extinção de direitos no paradigma democrático de perspectiva asseguradora da fundamentalidade da fala e da escrita jurídicas aptas ao exercício da cidadania, só será construído pelos oprimidos e não pelos opressores historicamente arraigados em ideologias continuistas de sistemas de colonização secular das consciências. O professor Welington Luzia Teixeira oferece uma contribuição indispensável, com a publicação de sua obra aos teorizadores dessa esperada e urgente legislação emancipatória. A bibliografia que utilizou é compatível com o tema desenvolvido, não se limitando aos juristas que, embora notabilizados por extensos comentários às leis processuais, não argüiram a validade científica de seus trabalhos, esquivando-se, portanto, a uma auto-avaliação de seus saberes. Por isso, o professor Welington recorreu-se a autores internacionais e nacionais que melhor esclarecessem o arcaísmo de o *processo* ainda ser concebido como mero instrumento (meio, modo, método) de os juízes fazerem uma justiça manifestamente mítica e utópica que nenhum impacto tem na redução dos problemas estruturais do povo brasileiro.

O trabalho aqui publicado traz novidades ao enfrentamento, em novos contornos jurídicos, de pontos já cansados de velhas teorias do processo. Ao afirmar que "o recurso não pode ser considerado como uma ação autônoma", o professor Welington afasta a discussão falaz e trivial em torno do duplo grau de jurisdição, se este é ou não é uma garantia constitucional, porque, como bem demonstra, o recurso como extensão indissociável do procedimento instaurado exige o exame em graus hierárquicos ins-tanciais de níveis superpostos como exercício exauriente da *ampla defesa* e não algo que pudesse estranhamente dividir a jurisdição em dois pedaços justapostos. Também a obra rompe com o tabu do tratamento igual para iguais e desigual para desiguais que é tão caro aos civilistas que não estudam PROCESSO, confundindo direitos fundamentais do processo com direitos à diferença. Levanta-se, de outra face, com a dissertação brilhantemente elaborada, oportuna suspeita sobre uma arrogante "Sociologia Jurídica" que, há séculos, ronda o Direito como dona absoluta e fundadora de seu território, professando costumes, moral e ética, como fonte espontânea e criadora de normas para o Direito escrito, o que certamente é uma ideologia vetusta como se depreende do estudo que o professor Welington faz no novo Habermas de "Faticidade e Validade" em sua recente obra *Direito e Democracia*.

Em sua dissertação, que elege o PROCESSO como lugar de obtenção do "melhor argumento" (Habermas) para construção do direito e dos provimentos (decisões), haveria que contemplar, por conseqüência, a teoria neo-institucionalista do processo de minha autoria, o que muito me distinguiu, porque o professor Welington me submeteu a uma testabilidade científica rigorosa, e penso que consegui escapar para continuar atormentando os processualistas de um Brasil democrático. Recomendo a todos que queiram estudar o Direito Processual Democrático esta obra primorosa que, na sua produção, contou com a orientação vigorosa e lúcida de um dos fundadores da Escola Processual das Alterosas, Prof. Dr. Ronaldo Brêtas de Carvalho Dias, à qual orgulhosamente me filio, dado o meu empenho e de muitos agora, incluindo o professor Welington Luzia Teixeira, de construção de uma Sociedade processualmente democrática.

Belo Horizonte, agosto de 2008

Rosemiro Pereira Leal
Doutor em Direito pela UFMG. Professor do Mestrado e Doutorado da UFMG, PUC/MG. Titular de Direito Processual da Universidade FUMEC (FCH).

Introdução

Antes da criação do Estado e do surgimento da jurisdição, quando entre duas ou mais pessoas havia um conflito de qualquer natureza, a pendenga era solucionada entre elas e a seus modos, pela força, na maioria das vezes.

Nessa fase inicial da civilização, não havia um Estado estruturado a ponto de inibir a ação individual dos contendores e fazer valer a força do direito sobre a vontade de cada um.

Com o passar dos tempos, as civilizações foram evoluindo e se organizando e o surgimento de um Estado estruturado, política e administrativamente, passou a ter um papel fundamental nas eliminações daqueles conflitos, uma vez que, com aquela estruturação, o Estado chamou para si o direito/dever de judicar, substituindo, assim, o individualismo e a força pelas regras emanadas do direito positivado.

Essa substituição (da força pela lei) deu ensejo à criação da jurisdição e do processo, uma vez que se o Estado chamou para si o direito/dever de dirimir os conflitos entre os particulares obrigou-se, por seu turno, a criar mecanismos pelos quais ele pudesse realizar essa nova tarefa.

Desde 1858 quando Oskar Von Bülow sistematizou o processo ele sofreu profundas evoluções. Todas, com sucesso ou não, procurando adequá-lo à realidade do seu tempo. Não só o processo foi alvo de profundas alterações como o próprio direito, que através dele é aplicado, foi aperfeiçoado pelas rupturas paradigmáticas que a evolução humana criou e criará.

Do jusnaturalismo (centrado na idéia de Direito Natural, do Direito ideal, expressão máxima do justo) passando pelo positivismo jurídico (que abandona o direito natural e se apega ao direito escrito, positivado, isto é, às regras) até os tempos atuais, do pós-positivismo (que valoriza os princípios jurídicos e não as regras), o processo conheceu profundas mudanças e hoje, no Estado Democrático de Direito em que vivemos, só podemos concebê-lo como garantia fundamental de qualquer cidadão e não mais de mera relação jurídica entre as partes conflitantes o que dá a idéia de subordinação e de vinculação entre elas e o juiz.

Existem autores, não sem razão do ponto de vista técnico-jurídico, que diferem garantia fundamental de direito fundamental sob o argumento de que se tratam de categorias dogmáticas diferentes, inexistindo, por isso, direito-garantia fundamental.

> Impõe-se distinguir direito fundamental de garantia fundamental, categorias dogmáticas diferentes, inexistindo, ao que pensamos, direito-garantia fundamental. Jurisdição é direito fundamental da pessoa, por força de declaração normativa expressa no texto da Constituição. A fruição desse direito se dá pela garantia fundamental do processo constitucional. Por isso, o texto da Constituição, tecnicamente correto, menciona direitos e garantias fundamentais. Considerar que jurisdição, a um só tempo, seja direito fundamental e garantia fundamental, como todo o respeito, significa misturar conceitos e olvidar o processo constitucional como garantia fundamental das pessoas.[2]

Dentre as garantias fundamentais do processo constitucional se incluem os princípios da ampla defesa, da isonomia e do contraditório. Este não se limita à tese e à antítese, ao dizer e ao desdizer, tudo visando à democratização do debate jurídico intra-autos e a elaboração, juntamente com o juiz, do provimento final. A ampla defesa não está circunscrita, apenas, à oportunidade de se defender. Mais do que isto, a ampla defesa deve ser entendida e aplicada como acesso livre a todas as fases do processo e, principalmente, a uma defesa cômoda, do ponto de vista temporal. Demais disso, deve ela, ainda, ser estendida ao

---

[2] BRÊTAS C. DIAS, Ronaldo. *Responsabilidade do Estado pela Função Jurisdicional*. Del Rey, 2004. p. 112.

duplo grau de jurisdição. Por isonomia, não se deve compreender, apenas, a igualdade processual. Ao revés, o que se busca é a igualdade da simétrica paridade — no procedimento. O alcance do referido princípio não é apenas nivelar os cidadãos diante da norma legal posta.

A própria lei não pode ser editada em desconformidade com a isonomia. O juiz, por sua vez, no processo constitucionalizado, assume um papel outrora jamais imaginado: ele deve assegurar às partes, a que se destinam os efeitos da sentença, igualdade de oportunidade e de tratamento, sopesando e analisando, com absoluta imparcialidade, os argumentos e as provas que cada uma delas leva para o processo, por meio de um trabalho de persuasão racional que deve prevalecer no provimento jurisdicional, no Estado Democrático de Direito.

Sendo assim, mister se faz que, antes de adentrarmos no objetivo do presente trabalho (o de demonstrar como o provimento jurisdicional deve ser elaborado no Estado Democrático de Direito), façamos uma breve digressão para procurar explicar esse modelo de Estado; processo e jurisdição, nesse paradigma, e discorramos sobre as teorias que procuraram e ainda procuram definir a natureza jurídica do processo para que possamos dar sustentação jurídica à escolha que faremos dentre as teorias existentes, ou seja, discorreremos sobre todas para adotar uma delas, justificando a escolha. Para tanto, dedicaremos o primeiro capítulo ao estudo da noção de Estado Democrático de Direito, da jurisdição e do processo, naquele paradigma. No capítulo seguinte, estudaremos as teorias sobre a natureza jurídica do processo, objetivando demonstrar a sua evolução histórica, até os dias de hoje.

Após, no Capítulo 3, debruçar-nos-emos sobre o estudo dos princípios institutivos do processo democrático, quais sejam: o contraditório, a ampla defesa e a isonomia. Tal se dará porque, como veremos, no Estado Democrático de Direito, em que deve vigorar o processo constitucionalizado, tais princípios deixaram de ser pressupostos processuais para alcançarem a condição de garantia fundamental do cidadão, já que nesse modelo de Estado vigora o princípio do devido processo legal que abarca a confluência daqueles princípios.

Ao final, no Capítulo 4, abordaremos a questão da elaboração do provimento jurisdicional no Estado Democrático de Direito, e, para tanto, abraçaremos a teoria neo-institucionalista do processo, com ênfase na enorme contribuição que a teoria discursiva de Habermas e a teoria fazzalariana do processo trouxeram para o estudo desse instituto nas sociedades modernas e complexas, por entendemos que só pelo procedimento realizado em contraditório e a partir de uma interpretação compartilhada do texto legal pelas partes interessadas no provimento final podemos atingir a legitimidade das decisões judiciais.

Para uma melhor compreensão deste trabalho, é preciso esclarecer que todas as vezes que nos referirmos aos pressupostos democráticos — contraditório, ampla defesa e isonomia — como condição para a legitimidade do provimento jurisdicional (a sentença, propriamente dita) tais pressupostos serão, também, no nosso entendimento, exigidos para toda e qualquer decisão judicial,[3] exceto para os despachos de mero expediente que têm

---

[3] Sobre a decisão judicial, coleciona-se a seguinte doutrina: "A doutrina brasileira, nitidamente influenciada pelos textos jurídicos italianos, passou a utilizar o vocábulo *provimento* com o sentido de decisão jurisdicional. Os italianos se valem com freqüência da palavra *provvedimento* (provimento), derivada de *provvedere* (prover), a fim de expressarem o que a doutrina brasileira chama de decisão jurisdicional, providência jurisdicional, medida jurisdicional ou pronunciamento jurisdicional. Provimento é o ato ou efeito de prover e, nos textos legislativos brasileiros (v.g, Código de processo Civil, artigos 14, V e 273, parágrafo segundo, mencionando *provimentos mandamentais, provimentos finais, provimento antecipado*), surge com o sentido de ato jurisdicional decisório, como sucede no direito italiano (*provvedimento*). Não obstante, na tradição jurídica brasileira, provimento é expressão utilizada no sistema recursal, com o sentido de acolhimento de recurso. Assim, o Tribunal, após verificar a existência dos pressupostos de admissibilidade do recurso (conhecimento do recurso), lhe dará provimento, acolhendo-o e reformando o ato jurisdicional objeto do recurso, ou lhe negará provimento, rejeitando o recurso e mantendo a decisão jurisdicional recorrida. Em conclusão, o vocábulo provimento, no direito brasileiro, passou a ter dois sentidos jurídicos diferentes". DIAS, Ronaldo Brêtas C. Ob. cit., p. 85-86.

a única finalidade de impulsionar o procedimento, e que, por isso, não exigem o comparecimento das partes.

Destarte, é sobre a evolução dos conceitos de processo, do seu ascenso à condição de garantia fundamental e como o provimento jurisdicional deve ser construído no Estado Democrático de Direito o objetivo do presente trabalho.

Capítulo 1

Estado Democrático de Direito, jurisdição e processo

Sumário: **1** Breve incursão sobre Estado Democrático de Direito - **2** Jurisdição - **2.1** Celeridade processual – Atributo da jurisdição - **3** Processo

Objetiva-se, com a presente pesquisa, realizar um estudo acerca dos institutos do processo e da jurisdição frente ao paradigma de Estado Democrático de Direito. Especificamente, realizar-se-á um estudo detalhado acerca desses dois institutos a fim de saber a sua real influência sobre o entendimento do que seja processo e jurisdição hoje.

Demonstrar-se-á, com isso, a superação daquela concepção estritamente técnica de processo, atrelado à idéia de fim, de rito pelo rito e de forma pela forma.

A problemática toda se encontra na dicotomia existente na abordagem desses dois institutos frente aos principais modelos de Estado. A superação da técnica implica, conseqüentemente, o questionamento teórico da Escola Instrumentalista (considerada uma evolução da Escola do processo como relação jurídica entre pessoas) que visualiza o processo como instrumento para o exercício da jurisdição, algo incompatível com o atual modelo de Estado, no qual, contrariamente, é a jurisdição que é instrumento do processo. Mas jurisdição no entendimento de que seja um direito fundamental, e não naquele entendimento de que seja o poder-dever do Estado de dizer o direito. O direito só é legitimamente produzido através do Devido processo Legislativo, sendo assegurado o contraditório, a isonomia e a ampla defesa como princípios institutivos do processo.

O que se vê hoje são reformas atrás de reformas, a fim de se alterar toda a legislação processual civil com a criação de técnicas de sumarização que representam o caminho do arbítrio, de ofensa a direitos e princípios fundamentais, assegurados constitucionalmente.[1] A conferência de amplos poderes aos juízes, quando da condução do procedimento e da elaboração de decisão judicial, representa uma afronta ao Devido processo Constitucional, haja vista a idéia de o juiz poder criar um direito para cada caso concreto. Isto significa o retorno ao arbítrio, ao despotismo esclarecido, algo que caminha em sentido contrário à idéia que se tem de Democracia, ou seja, a fiscalidade ampla e irrestrita dos atos estatais, fiscalidade essa realizada pelo povo, o verdadeiro legitimado para tal intento.

A compreensão do processo, enquanto instituição constitucionalizada e metodologia normativa de garantia dos direitos fundamentais, passa pela teoria do discurso, pela teoria do processo como procedimento em Contraditório, pela teoria do processo Constitucional e termina na teoria neo-institucionalista do processo.

Neste trabalho, far-se-á um rápido estudo do processo e da jurisdição enquanto garantia, o primeiro, e direito fundamental,

---

[1] Como exemplo podem ser citadas a Lei nº 10.444, de 07.05.2002 que, entre outras novidades, implantou a tutela antecipada no nosso direito, invertendo, assim, o procedimento de conhecimento, já que o juiz poderá antecipar os efeitos da tutela, antes mesmo da instrução do feito. Ou seja: atos executórios antes da decisão de mérito. Mais recentemente, a lei nº 11.187, de 19.10.2005, que transformou o agravo retido em regra, no nosso direito processual.

a segunda. O caminho para a feitura desse tipo de análise científica encontra-se no princípio da Supremacia da Constituição Federal e também no Devido processo Constitucional, já que vivemos sob a égide do Estado Democrático de Direito conforme artigo 1º da Constituição Federal que determina: "A República Federativa do Brasil, formada pela união indissolúvel dos Estados e Municípios e do Distrito Federal, constitui-se em Estado Democrático de Direito...".

1 Breve incursão sobre Estado Democrático de Direito

Sob pena de grave omissão, não se poderia procurar demonstrar como o provimento jurisdicional deve ser construído em um Estado Democrático de Direito sem, ao menos, tecerem-se algumas considerações sobre o que é um Estado Democrático de Direito para os autores pesquisados. Entretanto, urge esclarecer que não é objetivo do presente trabalho o estudo científico deste Estado. Dele se cuidará, repita-se, para não se passar ao largo das definições existentes a seu respeito, como forma de enriquecer o presente estudo.

A terminologia Estado advém do latim (*status*) que significa "situação permanente de convivência e ligada à sociedade política".[2] Tem, ainda, o sentido de constituição e ordem.[3] O Estado, como sociedade política, apareceu pela primeira vez em 1513 na obra O Príncipe de Nicolau Maquiavel: "todos os Estados, todos os domínios que têm havido e que há sobre os homens, foram e são repúblicas ou principados".[4]

No presente trabalho, adotamos a definição de Estado dada por Rosemiro Pereira Leal sendo "uma instituição constituída e

---

[2] DALLARI. *Elementos da teoria geral do Estado*, p. 51.
[3] SOARES. *Teoria do Estado*: o substrato clássico e os novos paradigmas como pré-compreensão para o direito constitucional, p. 119.
[4] MAQUIAVEL. O Príncipe.

regulada pelas normas legais que formam o ordenamento jurídico de uma sociedade política".[5] Não é sem outra razão que Ronaldo Brêtas, com escólio em Jorge Miranda, afirmou que:

> De fato, se todas as funções do Estado são regidas por normas de direito, notadamente pelas normas constitucionais, a conclusão a que se chega, trilhando-se o raciocínio lógico de Jorge Miranda, é a de que, então, "todas as funções do Estado e todos os actos em que se desdobram não podem deixar de ser funções jurídicas", afinal de contas, impossível conceber-se qualquer atividade do Estado à margem do direito.[6]

É mister salientar que existem várias teorias sobre o momento do surgimento do Estado, que podem ser sintetizadas em três épocas básicas: a primeira, que acreditava que o Estado, assim como a sociedade, sempre existiu; a segunda, que admite que a sociedade humana existiu sem o Estado durante determinado período; e a terceira, que só admite o Estado como sociedade política dotada de determinadas características.[7]

Os autores que estudam a evolução histórica do Estado para fins didáticos utilizam uma seqüência cronológica que compreende as seguintes fases: Estado Antigo, Estado Grego, Estado Romano, Estado Medieval e Estado Moderno.[8] O Estado Moderno, por sua vez, apresentou três fases distintas: o Estado absolutista, o Estado liberal (Estado de Direito) e o Estado Social.

Já na pós-modernidade, estuda-se o Estado Democrático de Direito que foi positivado pela Constituição da República Federativa do Brasil de 1988.[9] Conforme preleciona Rosemiro Pereira Leal, "o Estado, na pós-modernidade, seja como Administração-Governativa ou espaço da procedimentalidade

---

[5] LEAL. *Teoria geral do processo*: primeiros estudos, p. 223.
[6] DIAS. Ob. cit., p. 66.
[7] DALLARI. Ob. cit., p. 53.
[8] DALLARI, Dalmo de Abreu. Ob. cit., p. 62.
[9] Idem. p. 62.

jurídica, não é mais o todo do ordenamento jurídico, mas está no ordenamento jurídico em situação homotópica (isonômica) com outras instituições".[10]

Interessa aqui o estudo do paradigma do Estado Democrático de Direito. Para melhor compreensão do tema, a análise será realizada a partir do Estado de Direito. O Estado de Direito (Rechstaat) surgiu no início do século XIX com o constitucionalismo alemão. No início, o Estado de Direito era caracterizado abstratamente como Estado da Razão, limitado em nome da autodeterminação da pessoa. Posteriormente, o Estado de Direito passou a ser caracterizado com os traços jurídicos essenciais desse Estado, ou seja, o Estado Liberal de Direito em contraposição ao Estado de Polícia (Estado Absolutista).[11]

O Estado de Direito, inicialmente, teve um caráter revolucionário no combate ao Antigo Regime, uma vez que objetivava a limitação do poder político. Ele foi idealizado como um instrumento adequado para a concretização dos valores da igualdade, liberdade e fraternidade: "Assim, no Estado liberal, o entendimento era de que o Estado deveria atuar de modo a intervir o menos possível na esfera privada do indivíduo, compreendida como espaço do direito e das relações familiares e negociais".[12]

Nessa linha de idéias, o Estado de Direito é sedimentado, dentre outros, nos seguintes princípios: no império da lei, na divisão de poderes (funções),[13] no sistema de direitos e na fundamentação das decisões judiciais.

---

[10] LEAL. Ob. cit., p. 51.

[11] CANOTILLO. *Direito constitucional e constituição*, p. 97.

[12] PELEGRINI. *O paradigma do Estado democrático de direito e as teorias do processo.*

[13] Segundo doutrina de Ronaldo Brêtas, "O que deve ser considerada repartida ou separada é a atividade e não o poder do Estado, do que resulta uma diferenciação de funções exercidas pelo Estado por intermédio de órgãos criados na estruturação da ordem jurídica constitucional, nunca a existência de vários poderes do mesmo Estado".

Já o Estado Social surgiu em decorrência das omissões e da adoção de uma postura neutra por parte do Estado de Direito e da incapacidade de se resolverem as novas demandas que surgiram com os movimentos sociais do século XX: "O paradigma do Estado Social surge da superação do Estado de Direito, principalmente em virtude da acumulação de capitais e propriedades em mãos de poucos, em decorrência do modelo antecedente, criticado pelos teóricos do comunismo, socialismo e do anarquismo".[14]

Desde agora, é preciso que façamos um parêntese para explicar a função do juiz no Estado Liberal e no Estado Social, já que o presente estudo visa alcançar o seu papel no Estado avançado, qual seja: no Democrático de Direito. No primeiro paradigma, o juiz era um mero espectador e, no segundo, um ditador:

> Este juiz-diretor apresenta-se como uma figura intermediária entre o juiz-espectador, totalmente passivo e inerte aos maiores extravios das partes, típico de um paradigma de Estado Liberal burguês, e o juiz-ditador, que, ao contrário, insere-se a cada passo, na marcha processual, trazendo concepções preconcebidas não problematizadas na estrutura procedimental, e, que muitas vezes, impede a influência das partes. Este juiz é típico de um paradigma social.[15]

Voltando ao tema de origem, à conceituação de Estado, pode-se afirmar que este somente pode ser concebido como Estado constitucional, tendo a constituição como sua lei suprema. O Estado constitucional apresenta duas qualidades: Estado de Direito e Estado Democrático. Essas qualidades nem sempre se

---

CANOTILHO, Direito Constitucional e teoria da Constituição. p. 510. Pensamento similar é exteriorizado por Giorgio Del Vecchio, ao salientar que Montesquieu teve o mérito de pôr em relevo o princípio impropriamente denominado de divisão de poderes, mas que, com maior rigor, deveria ser chamado de princípio da distinção dos poderes. DIAS. Ob. cit., p. 72.

[14] Idem, p. 4.

[15] COELHO NUNES. O Recurso como possibilidade jurídico-discursiva das garantias do contraditório e da ampla defesa, p. 158.

encontram presentes no mesmo Estado. Todavia, na atualidade, o Estado não deve se limitar a ser apenas um Estado de Direito, "mas deve estruturar como uma ordem legitimada pelo povo. A articulação do direito e do poder no Estado constitucional significa, assim, que o poder do Estado deve organizar-se e exercer-se em termos democráticos".[16]

A Constituição da República Federativa do Brasil, de 1988, adotou o paradigma do Estado Democrático de Direito, extrapolando os limites do Estado de Direito. O Estado Democrático de Direito é um projeto em construção pela comunidade jurídica, sendo suscetível de revisão e fiscalização ampla e irrestrita.

O Estado Democrático apresenta os mesmos princípios que o Estado de Direito, acrescentando-se a este apenas o princípio democrático. Assim, uma norma para ser legítima no Estado Democrático de Direito tem que se submeter à fiscalidade ampla, sendo apenas relativa à legitimidade da norma criada pelo legislativo, conforme salienta Andréa Alves de Almeida:

> A norma só é legítima quando se oferece à fiscalidade ampla (irrestrita). Por isso se afirma que no paradigma democrático a legitimidade normativa é a posteriori. A legitimidade das normas criadas pelo legislativo é apenas relativa. O direito nas sociedades jurídico-político-democráticas somente se torna efetivamente (concretamente) legítimo quando a norma abstrata, diante de um caso concreto, se oferece (retoma) à processualidade jurídica para a sua discursividade. Nessas condições, os destinatários das decisões poderão ser também co-autores e a força do direito poderá não estar na coação do Estado, mas na participação dos destinatários na criação, aplicação e fiscalização dos provimentos estatais.[17]

Como assevera Rosemiro Pereira Leal, na elaboração das leis devem ser observados o devido processo legislativo e o devido processo legal:

---

[16] CANOTILHO. Ob. cit., p. 98.
[17] ALMEIDA. *Processualidade jurídica e legitimidade normativa*, p. 77.

[...] se o povo não legislou, o direito não existe para ninguém. Não há lugar se o que não é proibido é permitido, se o sistema é aberto ou fechado, mas, no direito democrático, o que não é provido pelo devido processo legislativo fiscalizável processualmente por todos (devido processo legal) não é juridicamente exigível.[18]

Tal pensamento, no nosso entendimento, não retira das democracias representativas, o que é o caso da brasileira, princípio insculpido na Constituição Brasileira (parágrafo único, artigo 1º),[19] a sua legitimidade pelo fato de as leis serem criadas através de representantes eleitos pelo povo. Tanto a democracia direta quanto a indireta descende do mesmo princípio da soberania popular, apesar de se distinguirem pela forma com que essa soberania é exercida, o que faz diferença na qualidade do modelo: a primeira mais qualificada já que emana diretamente da vontade popular (plebiscito, referendum).

A legitimidade dessa representação tem origem em Locke que concebeu a legitimidade do Estado (aparato burocrático-administrativo) e do Direito por meio da sociedade (mercado) e do processo eleitoral. O resultado das urnas, através da maioria, direcionaria os interesses da sociedade, que deveriam ser perseguidos pelos governantes eleitos. Assim, tanto governantes como governados estariam adstritos não só às leis mas ao resultado obtido das urnas.[20]

Outro princípio consagrado pela Constituição da República do Brasil de 1988 é o da separação de poderes (funções), conforme preceitua o artigo 2º.[21] Desse modo, a função de elaborar a lei pertence ao Legislativo, cabendo ao povo o poder amplo de fiscalização. A separação de poderes significa, na realidade,

---

[18] LEAL. *Teoria processual da decisão jurídica*, p. 39.

[19] "Todo poder emana do povo, que o exerce por meio de representantes eleitos ou diretamente, nos termos desta Constituição".

[20] SOUZA CRUZ. *Jurisdição constitucional democrática*, p. 70-73.

[21] "São poderes da União, independentes e harmônicos entre si, o Legislativo, o Executivo e o Judiciário".

muito mais do que uma interdependência das funções do que uma separação de poderes. Pressupõe, assim, uma tripartição das funções do Estado: a legislativa, a executiva e a judiciária. Já o princípio do sistema de direitos relaciona-se com o rol de direitos, liberdades e garantias estabelecidas pela Constituição, conforme enfatiza Ronaldo Brêtas:

> O vigoroso e exuberante rol de direito, liberdades e garantias fundamentais declarados nos artigos 5º e 6º, entre eles o princípio da igualdade, o princípio da reserva legal e o direito à jurisdição pela garantia do devido processo constitucional, estruturado nos princípios do contraditório e da ampla defesa, incluindo-se, nesta garantia, a indispensável presença do advogado no ato de julgar (art. 5º, incisos, I, II, XXXV, LIX e LV, e art. 133).[22]

Pode-se deduzir que, após os estudos efetivados, o Estado é Democrático de Direito quando ele, Estado, tem um regime de governo baseado nas regras democráticas universalmente conhecidas, e quando o Direito deste mesmo Estado é criado observados os mesmos princípios que regem a democracia. Em síntese: é democrático o Direito que é criado pelo povo, ainda que sob representação parlamentar.

Daí por que Bobbio afirmou:

> Afirmo preliminarmente que o único modo de se chegar a um acordo quando se fala de democracia, entendida como contraposta a todas as formas de governo autocrático, é o de considerá-la caracterizada por um conjunto de regras (primárias ou fundamentais) que estabelecem quem está autorizado a tomar as decisões coletivas e com quais procedimentos.[23]

No entanto, não basta estar sob um regime democrático e sob um complexo de normas, em tese democráticas, para que o Estado possa ser considerado, efetivamente, Democrático

---

[22] DIAS. Ob. cit., p. 105.

[23] BOBBIO, Norberto, *O positivismo jurídico*. Lições de filosofia do direito. Tradução e notas de Márcio Pugliesi, Édson Bini e Carlos E. Rodrigues. São Paulo: Ícone, 1995. p. 18.

de Direito. É preciso, sobretudo, que a aplicação desse direito passe por uma fiscalidade incessante dentro do espaço da processualidade, onde sejam observados os princípios do contraditório, da isonomia e da ampla defesa. Ou seja: quem cria o direito (o povo) é também o seu destinatário e deve ser o guardião da sua democrática aplicação. Sob pena de termos um Estado — aparentemente — Democrático e uma jurisdição — efetivamente — autocrática, em que o Juiz possa dizer do direito no caso concreto, com base em poderes amplos, absolutos e subjetivos.

Assim é que:

> Não é em qualquer regime que tal procedimento pode converter-se em processo. O pressuposto básico é que estejamos diante de um Estado Democrático de Direito, em que seja permitida a todos a participação, diretamente ou não, nesta estrutura de produção de normas. Em especial, no sistema representativo, é essencial que todos os membros competentes possam potencialmente participar da discussão de uma lei para que, ao final, possa se falar em processo legislativo.[24]

Percebe-se, então, conforme já informado, que a possibilidade de os membros competentes participarem das discussões de uma lei não caracteriza Estado Democrático de Direito. Mister se faz que, após a sua positivação, a lei se permita correição pelo devido processo legal como consectário lógico da ampla fiscalidade assegurada constitucionalmente pelo processo democrático.[25]

É que, na concepção de Estado Democrático de Direito, a legitimidade da lei tem de ser aferida, pelo óbvio, democraticamente, ou seja, os órgãos jurisdicionais têm a ela absoluta sujeição não podendo eles decidir senão em nome daquele que a criou: o povo.

---

[24] GALLUPO, Marcelo Campos, *Elementos para uma compreensão metajurídica do processo legislativo*. Teoria Geral do Processo Civil, Cadernos da Pós-graduação. Belo Horizonte: Movimento Editorial da Faculdade de Direito da UFMG, 1995. p. 17.

[25] DEL NEGRI. Controle de constitucionalidade no processo legislativo, *teoria da legitimidade democrática*, p. 83.

Por seu turno, as funções Executiva e Judiciária estão também comprometidas com a democracia. O povo ativo elege os seus representantes; do trabalho deles resultam (entre outras coisas) os textos das normas. Estes são, por sua vez, implementados nas diferentes funções do aparelho do Estado; mas os destinatários, os atingidos por tais atos, são parcialmente todos, a saber, o povo enquanto população. Tudo isso forma uma espécie de ciclo (Kreislauf) de atos de legitimação, que em nenhum lugar pode ser interrompido (de modo não democrático). Esse é o lado democrático do que foi denominado estrutura de legitimação.[26]

Neste mesmo diapasão, Manoel Gonçalves Ferreira Filho, insurgindo contra a politização do chamado Estado de Direito, vê, de forma negativa, a lei como fruto de um processo político, uma política de governo, não se legitimando por um conceito de justiça e sim por expressão da vontade política do povo. Assim, conclui: "A politização das leis fere, não raro, a racionalidade do direito, gerando leis irracionais".[27]

Assim, devemos desconfiar, sempre, de um projeto iluminista com pretensões místicas de pensar, já que qualquer conhecimento é relativo. Logo, qualquer teoria, equação, fórmula elaborada com o objetivo de explicar ou entender a sociedade será sempre submetida ao improvável ao imprevisível, já que é sob a perspectiva da falibilidade que entendemos o Estado Democrático de Direito, sendo um processo contínuo, indefinido, contribuindo, assim, para que toda a divergência e pluralismo sejam vistos, respeitados e tematizados. Procurar conceituar democracia seria buscar o seu fim, já que ela traz em si a marca da precariedade, da incompletude e da constante e necessária mutabilidade, já que vivemos em uma sociedade complexa onde todo conhecimento, repita-se, é provisório. Em uma só palavra:

---

[26] MÜLLER. *Quem é o povo?*: a questão fundamental da democraciap, 60.

[27] FERREIRA FILHO. *Estado de direito e constituição*, p. 46.

A democracia é um regime improvável pois sempre requer que se corra o risco ínsito às suas práticas, ou, do contrário, instauramos a ditadura.[28]

Não é sem razão, portanto, que Popper distingue a sociedade fechada (mágica, tribal, coletiva) da sociedade aberta (democrática) em que o povo caminha para o desconhecido, o incerto e o inseguro, já que, para ele, a sociedade aberta ou democrática é aquela em que o povo confronta-se com as suas próprias decisões. [29]

Tais assertivas popperianas tornam-se mais evidentes quando se sabe que o Estado Democrático de Direito é um crescente de complexidade dentro de uma sociedade paradoxal, onde a mudança é a regra e que a busca da síntese, do consenso, pode não passar de mais um procedimento autoritário e antidemocrático por excluir o dissenso, já que a pluralidade é ínsita à condição humana, principalmente nas sociedades complexas.

Lado outro, é irrelevante a discussão doutrinária entre saber qual a expressão mais correta, se Estado Democrático de Direito ou Estado de Direito Democrático, uma vez que todos os pesquisadores que procuram fazer tal distinção, só divergem no plano semântico, sendo coesos nos fins a que tais paradigmas se destinam.[30] Discordamos, apenas, de Kelsen quando este afirmou que a expressão Estado de Direito Democrático é pleonástica, uma vez que, para ele, se o Estado é de Direito logo ele será, também,

---

[28] CARVALHO NETO. Pequeno exercício de teoria da Constituição. Fórum Administrativo - Direito Público -FA, p. 11.

[29] POPPER. Sociedade aberta e seus inimigos, p. 217.

[30] DIAS, abordando o tema com arrimo em CANOTILHO, ensina que: "...não conseguimos esconder nossa preferência pela posição doutrinária que enxerga o Estado de Direito e o Estado Democrático como verdadeiros princípios conexos e normas jurídicas constitucionalmente positivadas, de sorte que, como preconiza Canotilho, 'tal como a vertente do Estado de direito não pode ser vista senão à luz do principio democrático, também a vertente do Estado democrático não pode ser entendida senão na perspectiva do Estado de direito', ou seja 'tal como só existe um Estado de direito democrático, também só existe um Estado democrático de direito, isto é, sujeito a regras jurídicas', entre as quais enfatizamos, pela sua importância, avultam as regras constitucionais". Ob. cit., p. 102.

Democrático o que se afigura, nos dias de hoje, completamente equivocado, uma vez que sabemos, e temos exemplo disso, que um Estado pode ser de Direito sem ser, necessariamente, Democrático, como o que ocorre em Cuba e na China.

Procurando identificar os critérios formais de um Estado Democrático, a II Conferência Mundial de Direitos Humanos (Viena, 1993) fez inserir, como elemento constitutivo da democracia, a existência de condições materiais mínimas para se assegurar uma existência digna, identificando-se vários elementos essenciais a ela.[31]

Feita essa ingressão sobre o que significa Estado Democrático de Direito, passa-se, agora, a demonstrar o que é jurisdição e processo, neste paradigma.

2 Jurisdição

Para melhor compreensão do estudo proposto, mister se faz uma revisão dos marcos teóricos a ele referentes e dos conceitos que lhe são afins. Baracho descreve a jurisdição como "função de declarar o direito aplicável aos fatos",[32] sendo ela uma manifestação da soberania do Estado. Assim, por esse autor, jurisdição constitucional é o mesmo que jurisdição política com grande relevância na proteção das liberdades humanas. Para o autor, o essencial é verificar a adequabilidade das normas inferiores com a norma superior, analisando-se se as primeiras violaram a segunda.[33]

---

[31] 1) eleições livres dos integrantes dos Poderes Executivos e Legislativo; 2) Poder Judiciário independente; 3) separação de poderes; 4) controle de LEALidade dos atos praticados pelos poderes públicos; 5)garantias dos direitos humanos dentro do Estado de Direito; 6) pluralismo ideológico; 7) satisfação das necessidades humanas básicas através dos direitos econômicos, sociais e culturais, 8) a liberdade de associação; 9) acesso irrestrito à justiça; 10) liberdade de imprensa; 11) respeito ao direito das minorias e 12) garantias de participação política para todos. Elenco retirado da página da Organização das Nações Unidas, na Internet. Disponível em: <www.um.org>.

[32] BARACHO. *Processo constitucional*, p. 76.

[33] BARACHO. Ob. cit., p. 125.

Boscaretti de Ruffia,[34] citado por Baracho, também define a jurisdição constitucional como a atividade de "tutela de direitos e interesses que atentam para a matéria constitucional, derivando, quando a Constituição é rígida, de pretensões fundadas diretamente nas normas constitucionais".

Já Cappelletti,[35] identificando a jurisdição constitucional com a justiça constitucional, conceitua-a como função judicial de tutela e atuação dos preceitos da suprema lei constitucional, abrangendo o controle jurisdicional de constitucionalidade das leis, os mecanismos de tutela dos direitos de liberdade, o controle que o Tribunal Federal Alemão exerce sobre os partidos políticos, o julgamento do conflito de poderes do Estado, dentre outros.

Por sua vez, Canotilho[36] define a justiça constitucional em sentido amplo, como sendo o complexo de atividades jurídicas desenvolvidas por um ou vários órgãos jurisdicionais, destinados à fiscalização da observância e ao cumprimento das normas e princípios constitucionais vigentes, apresentando os denominados modelos de justiça, pontuando os campos problemáticos da justiça constitucional, quais sejam:

> litígios constitucionais (Verfassungstreitigkeiten), isto é, litígios entre os órgãos supremos do Estado (ou outros entes com direitos e deveres constitucionais);
>
> 2) litígios emergentes da separação vertical (territorial) dos órgãos constitucionais (ex. federação e estados federados, estados e regiões);
>
> 3) controle da constitucionalidade das leis e, eventualmente, de outros atos normativos (Normenkontrolle);
>
> 4) proteção autônoma dos direitos fundamentais (Verfassungsbeschwerde, recurso de amparo);

---

[34] RUFFIA, Paolo Biscaretti Di, apud, BARACHO. Ob. cit., p. 99.

[35] CAPPELLETTI. O controle judicial de constitucionalidade das leis no direito comparado, p. 23.

[36] CANOTILHO, J. J. Gomes. Ob. cit., p. 831.

5) controle da regularidade de formação de órgãos constitucionais (contencioso eleitoral) e de outras formas importantes de expressão política (referendos, consultas populares, formação de partidos);

6) a intervenção no processo de averiguação e apuramento de responsabilidade constitucional e, de modo geral, a defesa da constituição contra crimes de responsabilidade (Verfassungsschutzverfahren).

Héctor Fix-Zamudio ampliou esse horizonte trazendo outros termos que podem designar tal matéria, quais sejam: justiça constitucional, jurisdição constitucional, processo constitucional e controle de constitucionalidade. Daí por que a noção de jurisdição constitucional, ampliada por esse autor, permitiu a construção do termo jurisdição constitucional das liberdades, encontrada em Mauro Cappelletti, para designar o conjunto de situações jurídicas subjetivas constitucionais ativas dos cidadãos diante das autoridades públicas. Nesse diapasão, a jurisdição constitucional da liberdade seria "o instrumento para resguardar o cumprimento e a superioridade de certos direitos fundamentais improrrogáveis".[37]

Já a acepção *processo constitucional* é utilizada para designar a aproximação entre processo e Constituição e, não raro, é baralhada com a denominação de direito processual constitucional ou, ainda, vista como os princípios institutivos do próprio processo constitucional.

Aroldo Plínio Gonçalves entende que o Estado exerce a função jurisdicional sobre o mesmo fundamento que o legitima a exercer, no quadro de uma ordem jurídica instituída, as funções legislativa e administrativa.[38] Para esse autor, portanto, desde que respeitadas as normas que disciplinam a jurisdição,

---

[37] BARACHO. Ob. cit., p. 115.
[38] GONÇALVES. *Técnica processual e teoria do processo*, p. 50

compete ao Estado dizer do direito no caso concreto, uma vez que no que tem de específico, a função jurisdicional substitui a autodefesa, eliminando o recurso da autotutela, da vingança privada, da represália.[39]

Fazzalari distingue a terminologia chamada função jurisdicional e a sua delimitação para diferenciar das demais atividades estatais. Para ele, as funções executiva, legislativa e jurisdicional são convenções. Em seu entendimento, em todas essas atividades estatais

> [...] e não apenas naquelas nas quais atuam as normas que lhe confiam determinados interesses públicos, o Estado executa a lei: na verdade, ainda quando legifera, o Estado procede os trilhos da lei que lhe confere o poder de legiferar através do órgão apropriado e de acordo com a Constituição; e ainda quando reage à violação de uma norma, através do ministério dos juízes, o Estado obtempera para a lei que lhe impõem de fazê-lo.[40]

A grande contribuição de Fazzalari nesse estudo foi o fato de ele se afastar das doutrinas até então vigorantes de que a jurisdição está, exclusivamente, na pessoa do juiz, lançando, a partir desse ponto, uma nova idéia para a sua compreensão baseada no fato de que ela deve ser submetida ao processo e essa prática deve ser compartilhada com todos os seus sujeitos e não só na pessoa do juiz. Destarte,

> O processo é um procedimento no qual participam (são habilitados a participar) aqueles em cuja esfera jurídica o ato final é destinado a produzir efeitos: em contraditório, e de modo que o autor do ato final não possa obliterar a atividade deles.[41]

---

[39] Idem., p. 52.

[40] FAZZALARI, Elio. *Instituzione de diritto processuale*, p. 5. Tradução livre.

[41] FAZZALARI, Elio, Ob. cit., p. 82. Il processo é um procedimento in cui partecipano (sono abilitati a partecipare) coloro nella cui sfera giuridica l atto finale é destinato a svolgere effeti in contradditorio, e in modo che l autore dell atto non possa obliteare lê loro attivitá. CATTONI DE OLIVEIRA. Tutela jurisdicional e Estado Democrático de Direito, p. 143.

Na mesma direção, Rosemiro Pereira Leal entende que a jurisdição, em sua origem, é a estratificação histórica da figura da arbitragem, monopólio do Estado. Tanto que, nos Estados autocráticos, há jurisdição, mas não há processo, uma vez que este não se desenvolve em procedimento realizado em contraditório, com ampla defesa e isonomia características dos Estados Democráticos.[42] Logo, pode-se concluir que o processo não está a serviço da jurisdição, e sim, o contrário.

O cuidado que se impõe ao falar em numa *decisão democrática* é exatamente identificá-la dentro da estrutura do devido processo constitucional, por suas expansividades judiciais, legislativas e administrativas, como *provimento* de todos os sujeitos do processo, e não do ato humano monocrático ou colegiado, decorrente de um dos sujeitos do processo como função ou órgão protetor. A estrutura procedimental processualizada, a rigor democrática, dispensa qualquer forma volitiva de tutela ou cobertura judicial cortesã, isso porque é na estrutura processual, como espaço jurídico-pluralístico-discursivo, que se legitima toda atividade estatal normativa no paradigma jurídico da democracia.

Por isso, é inconcebível, no Estado Democrático de Direito, preconizar uma *decisão* como ato ou sentença final de um órgão guardião, depositário ou tutor da Constituição ou do próprio sistema processual, porque o *devido processo constitucional* não é uma instituição jurídica que suplique uma guarda ou uma proteção solene, como se fosse uma arca da aliança, mas é eixo principiológico discursivo da *operacionalização permanente* de um controle de constitucionalidade individual ou agrupadamente, ao ajuste fiscalizatório abstrato e in-concreto. "Do discurso constitucional positivado à efetiva realização do Estado democrático como lugar decisório (jurídico espacial) da integração social pelo direito processualizado a que se

---

[42] LEAL. Ob. cit., p. 41.

submete toda comunidade jurídica como autodeterminadora e garantidora (sem qualquer guardião ou depositário) de seu próprio destino."[43]

2.1 Celeridade processual – Atributo da jurisdição

Todos os estudiosos do direito processual no Brasil, de hoje e de antanho, sempre foram unânimes em apontar como o maior mal da jurisdição pátria a sua inegável demora.

João Monteiro, já lembrou, ancorado em Mandredini e Mancini, que são quatro os princípios que informam o direito processual: a) princípio lógico; b) princípio jurídico; c) princípio político e d) princípio econômico, sendo que os dois últimos podem ser condensados para expressar um só significado: máximo resultado com o mínimo esforço.[44]

Não é de hoje, portanto, que a ciência processual no Brasil estava à espera de uma medida que pudesse por fim à angústia da morosidade judicial. Objetivando a celeridade processual, o legislador constituinte, através da Emenda Constitucional nº 45/2004, fez incorporar o inciso LXXVIII, na Constituição Federal, com os seguintes dizeres:

> A todos, no âmbito judicial e administrativo, são assegurados a razoável duração do processo e os meios que garantam a celeridade de sua tramitação.

A partir da Emenda Constitucional nº 45, portanto, a celeridade processual passou a ser um atributo da jurisdição, "tendo caráter impositivo, uma vez que o constituinte, ao estabelecê-la, traçou o esquema geral de estruturação do processo, determinando ao legislador ordinário, em termos peremptórios, a emissão de uma legislação integrativa desse esquema".[45]

---

[43] LEAL. *Teoria processual da decisão jurídica*, p. 130-131.
[44] MONTEIRO, João. Teoria do Processo Civil, Tomo I, p. 40.
[45] GOUVÊA MEDINA. A Emenda 45/2004 e o direito processual constitucional. *Revista da Ordem dos advogados do Brasil*, p. 95-106.

DA NATUREZA JURÍDICA DO PROCESSO À DECISÃO JUDICIAL DEMOCRATIZADA | 41

Para Gouveia Medina, então, apesar de ter reconhecido, com acerto, como impositiva a celeridade processual, elevada que foi à condição de direito fundamental, acredita que ficará ela à espera de uma legislação infraconstitucional que a regulamente para, só depois, ser colocada em prática pelos operadores do Direito, principalmente os membros do Órgão Judiciário, notadamente os juízes.

Não podemos concordar com tal afirmação, sob nenhum aspecto, já que a celeridade processual, com a Emenda Constitucional nº 45/2004, passou a ser atributo da jurisdição, ou seja, direito fundamental do povo, tal como aquela, já que na nossa opinião passou ela a pertencer ao rol dos princípios que norteiam o processo, dentro do paradigma do Estado Democrático de Direito.

Sendo assim, os prazos da duração razoável de um processo, ao contrário do que pensa aquele autor, já estão, há muito, definidos na legislação processual brasileira, não precisando de mais uma lei para determiná-los.

Nesse sentido, é a interpretação de Ronaldo Brêtas ao afirmar que:

> Logo, com a publicação da Emenda Constitucional 45, por força da norma do artigo 5º. LXXVIII, no Estado brasileiro, o povo tem não só o direito fundamental à jurisdição, como também, o direito a que este serviço público monopolizado e essencial do Estado lhe seja prestado dentro de um prazo razoável. Contrapõe-se a este direito o dever do Estado de prestar a jurisdição mediante a garantia de um processo sem dilações indevidas, processo cujos atos sejam realizados naqueles prazos fixados pelo próprio Estado nas normas de direito processual.[46]

Assim, não se pode falar em esperar por uma norma infraconstitucional para regulamentar um direito fundamental,

---

[46] DIAS. A Reforma do Judiciário e os princípios do devido processo legal e da eficiência. *Revista da Ordem dos advogados do Brasil*, p. 113-123.

já que tais direitos possuem auto-executoriedade, sob pena de se dar à norma inferior uma força e importância superior à Constituição.

O que precisa ser observado para que a celeridade processual não seja apenas um sonho e para que os prazos processuais, já definidos pelo legislador, sejam cumpridos, é diligenciar no sentido de que o Judiciário acompanhe as realidades dos novos tempos, equipando as suas instalações com as novas tecnologias, profissionalizando e remunerando os seus funcionários (baixo escalão) com decência e, principalmente, aumentando o número de juízes, em quantidade e qualidade, visando à melhor prestação de um serviço essencial a toda sociedade.

Aliás, exatamente por perceber que o número de juízes é insuficiente para o número de processos, a própria Emenda Constitucional nº 45/2004 fez inserir o inciso XIII no artigo 93 da Constituição Federal com os seguintes dizeres: "o número de juízes na unidade jurisdicional será proporcional à efetiva demanda judicial e à respectiva população".

Dessarte, não há falar em aguardar por uma nova legislação para fixar o prazo razoável da tramitação de um processo. Esse prazo já existe na legislação processual.[47] Para respeitá-lo, basta tomar as providências acima elencadas conjugadas com a determinação contida no inciso XIII, do artigo 93, da Carta política.

Insta salientar, antemão, principalmente em tempos da tão decantada efetividade processual, que a celeridade processual não pode ser atingida com a "diminuição das demais garantias processuais constitucionais, por exemplo, suprimir o contraditório, proibir a presença do advogado no processo, eliminar o duplo grau de jurisdição, abolir a instrumentalidade das formas,

---

[47] Ronaldo Brêtas C. Dias, enumera alguns desses prazos, tais como: 10 dias para decisões (artigo 190), designar audiências nos casos de procedimento sumário em 30 dias (artigos 277 e 278), ou o Código de processo Penal brasileiro que determina os prazos de 10 dias para o juiz proferir decisão definitiva ou interlocutória mista. Ob. cit., p. 117.

restringir o direito das partes à produção de provas lícitas ou dispensar o órgão jurisdicional de fundamentar racionalmente suas decisões".[48]

A eliminação ou a mera restrição a qualquer dos princípios institutivos do processo já conquistados (contraditório, ampla defesa, isonomia, presença do advogado) com a finalidade de tornar mais célere o processo, em obediência à Emenda Constitucional nº 45/2004, afigurar-se-á em flagrante inconstitucionalidade que deverá ser reprimida por todos aqueles que ambicionam por um processo democratizado, já que:

> ...a exigência normativa de se obter a decisão jurisdicional em tempo hábil ou prazo razoável, o que significa adequação temporal da jurisdição, mediante processo sem dilações indevidas, não permite impingir o Estado ao povo a aceleração dos procedimentos pela diminuição das garantias processuais constitucionais (por exemplo, suprimir o contraditório, proibir a presença do advogado no processo, eliminar o duplo grau de jurisdição, abolir a instrumentalidade das formas, restringir o direito das partes à produção de provas, dispensar o órgão jurisdicional do dever de fundamentação). A restrição de quaisquer das garantias processuais, sob a canhestra a antidemocrática justificativa de agilizar ou tornar célere o procedimento, com o objetivo de proferir decisão jurisdicional em prazo razoável, é estimular o arbítrio, fomentar a insegurança jurídica e escarnecer da garantia fundamental do povo ao devido processo legal, em suma, deslavada agressão ao princípio constitucional do Estado Democrático de Direito.[49]

Sem razão, portanto, também na nossa opinião, aqueles juristas que, preocupados com a decisão rápida e não com a decisão democrática em curto prazo, defendem a opinião de que a Súmula vinculante, aliada às outras medidas já tomadas (antecipação de tutela, juizado especial de pequena causa, juízo arbitral, reformas processuais que modificam, para pior, os recursos já existentes, como, por exemplo, a Lei nº 11.187, de

---

[48] Idem, p. 118.
[49] DIAS. Ob. cit. p. 117.

19.10.2005, que alterou o procedimento do recurso de agravo tornando como regra a sua forma retida), podem, por si só, alcançar a tão sonhada celeridade processual, esquecendo-se esses juristas que o problema não está na lei processual, arcaica é verdade, e sim na anacrônica estrutura judicial que não se atualiza e, o que é pior, com seu espírito corporativista não impinge aos seus membros uma conduta profissional típica àqueles que ganham para servir ao povo.[50]

O que precisa ser mudado, na grande maioria das vezes, é o comportamento dos membros do judiciário que, olvidando-se da sua função pública, acreditam que o processo lhes pertence; que a jurisdição é a entrega de uma decisão judicial no tempo e modo que lhes aprouver e que os jurisdicionados, representados por seus advogados, são seres inferiores que batem à sua porta para incomodá-los, retirando-lhes o sossego. A mudança que se faz necessária e urgente, também, é de postura!

Esquecem-se estes servidores públicos que a Constituição Federal, em norma contida no seu Título III, que regula a organização do Estado brasileiro, determina, de maneira expressa, que todos os seus órgãos administrativos cumpram o princípio da eficiência (artigo 37, *caput*), ao mesmo momento que obriga ao Estado o dever de prestar serviços de maneira adequada (art. 175, parágrafo único, inciso II).

Saliente-se, antemão, que a obrigação de prestar serviços adequados não pode ser entendida, apenas, como dever dos órgãos de administração, como poderia ser entendido através de uma interpretação literal do texto acima indicado, o que levaria ao absurdo de se poder compreender que os outros órgãos, dentre eles o Judiciário, pudesse prestar serviços ineficientes. Ao contrário, o princípio da eficiência aplica-se, indistintamente, aos órgãos judiciário, legislativo e executivo.

---

[50] Defendendo a Súmula vinculante como meio de celeridade processual, artigo de José Rogério Cruz e Tucci, na *Revista do Advogado*, ano 24, abr. 2004, n. 75, AASP, p. 73-77.

Não é objetivo deste trabalho estudar o princípio da eficiência que deve ser observado pelos órgãos do Estado. Para sua melhor compreensão, remetemos o leitor à obra *Responsabilidade do Estado pela Função Jurisdicional*, de Ronaldo Brêtas C. Dias, aqui por diversas vezes citada.

3 Processo

O processo, na pós-modernidade, não pode mais ser identificado como uma relação jurídica entre pessoas, o que caracteriza idéia de subordinação entre elas, conforme doutrina de Bülow, seguida até hoje, entre nós, pela Escola Paulista de processo, denominada de instrumentalista.[51] Por essa Escola, o processo é meio, método ou finalidade abstrata, logo, de caráter metafísico, de se obter a decisão judicial, não se distinguindo do procedimento que, segundo os instrumentalistas, seria o "meio extrínseco pelo qual se instaura, desenvolve e termina o processo; é a manifestação extrínseca deste, a sua realidade fenomenológica perceptível".[52]

Foi a partir de Fazzalari, como veremos,[53] que o *processo* passou a ser diferenciado de maneira clara do procedimento, já que aquele jurista define *processo* como o procedimento realizado em contraditório. Sendo assim, só há *processo* com a presença do contraditório, havendo apenas *procedimento* quando não houver contraditório. No entanto, a corrente processual dominante no Brasil, a instrumentalista, ainda não visualiza nenhuma diferença entre eles, ou, melhor dizendo, quando procura destacá-la mais confunde do que explica.

---

[51] No presente capítulo não é nosso objetivo demonstrar e debater sobre as teorias existentes acerca da natureza jurídica do processo, para o que destinamos o capítulo 2, onde aprofundaremos no tema.

[52] LEAL. *Teoria geral do processo*: primeiros estudos, p. 106.

[53] Ver item 6, capítulo 2.

Para os instrumentalistas, o *processo* é essencialmente teleológico, imperceptível já que serve, apenas, para impulsionar os atos do *procedimento*, este sim, para eles perceptível,[54] visão esta que não pode perdurar em um Estado Democrático de Direito, já que neste paradigma o *processo* é garantia fundamental do povo, ou seja, o *processo* é definido pela sua qualidade de reger o *procedimento*, já que nele se faz presente a garantia constitucional do contraditório, ausente no *procedimento*.

Com isso, não se está afirmando que todos os *procedimentos*, sem contraditório, sejam ilegais, já que existem várias espécies de *procedimentos*, dadas as suas características e objetivos, que dispensam o contraditório, em face da ausência de contenciosidade.[55]

O *processo* no Estado Democrático de Direito não pode mais ser visto como a serviço da jurisdição por que ele é garantia fundamental do cidadão. Ao revés, é a jurisdição que está a serviço do *processo*.

Destarte, no entendimento de Rosemiro Pereira Leal, não procede a doutrina de Cintra, Grinover e Dinamarco que afirma ser a jurisdição exercida através do processo que é, segundo eles, mero instrumento e meio (método usual) do exercício da jurisdição, confundindo, assim, a estruturação do procedimento e a instituição do processo.[56]

Isso porque o processo, no Estado Democrático de Direito, não é um mero veículo, meio ou instrumento da jurisdição; é, sim, um complexo normativo constitucionalizado, garantidor/efetivador dos direitos fundamentais do contraditório, da ampla defesa e da isonomia. É ele o instrumentalizador e legitimador da atividade jurisdicional, e não o contrário.[57] Na verdade, essa

---

[54] LEAL. Ob. cit., p. 106.
[55] Idem, p. 107.
[56] LEAL. *Teoria geral do processo*, 4. ed., p. 41.
[57] Idem, p. 41.

função jurisdicional, que é um dever e não um poder do Estado-juiz, deve estar sempre subordinada e disciplinada aos princípios jurídico-constitucionais e à estruturação constitucionalizada do procedimento, assegurando às partes o direito de interferir no convencimento do juiz, através do contraditório, da ampla defesa e da isonomia, eis que são elas as destinatárias do ato final.

Desse modo, não há, no exercício da jurisdição no Estado Democrático de Direito, um amplo espaço para a discricionariedade do julgador, como querem fazer crer os processualistas da Escola Instrumentalista de São Paulo, pois o juiz deve se ater à lei, aos fatos, às provas e aos argumentos das partes, não podendo decidir com base em princípios ou escopos metajurídicos. Assim é que, não há mais, com efeito, lugar para os que apregoam potestatividade, faculdade, poder, arbítrio ou discricionariedade para o órgão jurisdicional, já que este tem de atuar com rigorosa vinculação à principiologia do processo que lhe impõe o dever de prestar a tutela legal, sem qualquer margem de arbítrio ou discricionariedade.[58]

Dworkin, preocupado com a certeza e a segurança jurídicas, critica o realismo jurídico e o positivismo no que diz respeito à aceitação da discricionariedade judicial nos casos de omissão da lei ou existência de leis contraditórias (hard cases). Afirma que os juízes não estão legitimados a criar normas e observa que tal prática possibilita a violação de direitos individuais que não podem ser afastados pelo Estado, sob pena de perda da legitimidade do Direito. Para ele, o positivismo admite o decisionismo judicial porque aceita a existência de lacunas. Estas, segundo o autor, inexistem quando se reconhece a força vinculante dos princípios. O Direito, portanto, não seria constituído apenas de regras como queriam os positivistas, mas de regras e de princípios, ambos integrando o conceito de norma.[59]

---

[58] Ibidem, p. 42.
[59] DWORKIN. *O império do direito*, p. 115.

Dessarte, não há como aceitar uma jurisdição aprocessualizada, "sob pena de se retornar às superstições, às ordálias, ao totalitarismo sacerdotal e dos pretores...".[60] Sendo assim, completamente impossível a existência de uma jurisdição fora do processo, que estaria desvinculada do verdadeiro modelo constitucional posto em nosso ordenamento, donde pode-se concluir que, no Estado Democrático de Direito, não há jurisdição que não seja constitucional, do mesmo modo que não há processo que não o seja.

O atual modelo de Estado adotado pela República Federativa do Brasil não pode mais ser visto nem estudado nos moldes de Estado adotado por Hobbes, nem tampouco nos modelos de Estado Liberal e Social. O Estado hobbesiano preconizava que o estado de natureza era um estado de anarquia, e, por isso, se fazia necessário o totalitarismo estatal para coibir tal desordem. Nesse período, a vontade do rei, do soberano, pairava e se sobrepunha à própria vontade do legislador; na realidade as leis vigentes à época eram as leis criadas e impostas pelo rei. Esse período da história da humanidade só foi realmente superado com o advento do constitucionalismo e do Estado Liberal; agora o que prevalecia não era unicamente a vontade do soberano, mas, sim, a vontade da lei. O advento desse modelo de Estado ocorreu nos idos da Revolução Francesa, em que prevaleciam os ideais de liberdade, igualdade e fraternidade. Concepções individualistas e o acirramento das desigualdades sociais foram questões que permearam esse período da história e, sem sombra de dúvidas, refletiu de forma um tanto direta no modelo de Estado vigente à época: trata-se do Estado Liberal, caracterizado pelo não-intervencionismo, o que contribuiu bastante para a evidência das desigualdades sociais. Avançando-se um pouco mais na história, sabe-se que, nos idos das primeira e segunda grandes guerras mundiais, a preocupação dos estudiosos de todo o mundo

---

[60] LEAL. Ob. cit., p. 43.

deslocou-se do plano meramente individual para questões mais relacionadas diretamente com os aspectos sociais; o mundo agora era outro: tratava-se de um mundo no qual os direitos fundamentais estavam em evidência e, conseqüentemente, adveio um novo modelo de Estado, ou seja, o Estado Social, que, ao contrário do antigo modelo, era evidentemente intervencionista, assistencialista e preocupado com as questões sociais. O respectivo modelo de Estado perdurou no Brasil e no mundo até o final da década de 70 do século passado, momento esse da história em que os pesquisadores passaram a preocupar-se mais com os direitos fundamentais e, por isso, eclodiu o movimento do processo constitucional, que seria a base fundamental para o próximo modelo de Estado a ser adotado.

O Estado que se tem que estudar, aperfeiçoar e implantar hoje é o Estado Democrático de Direito, que é o Estado da pós-modernidade, como se lê no artigo 1º da vigente Constituição da República Federativa do Brasil. Democracia aqui é um conceito ainda em construção, mas, mesmo assim, com fundamentos em estudos recentes de Habermas e Rosemiro Pereira Leal, sabe-se que o entendimento prevalente diz respeito à fiscalidade ampla e irrestrita dos atos da administração (judiciário, executivo, legislativo), realizado pelo seu verdadeiro legitimado para tal intento, que, no presente caso, é o povo, não olvidando-se, ainda, para o estudo do Estado Democrático de Direito das incursões realizadas a seu respeito, no Capítulo 1, deste trabalho, p. 15 et seq.

A jurisdição no Estado Democrático de Direito não mais pode ser vista sob aquela concepção de poder-dever do Estado-Juiz de dizer o direito para o caso concreto. Ao contrário, jurisdição é função, e não poder do Estado, ou seja, é atividade estatal, é um direito fundamental do povo. O juiz de direito não pode mais ser visto como o criador da norma jurídica para cada caso concreto; a legitimidade de todas as normas jurídicas só é verdadeiramente alcançada pelo devido processo legislativo em que seja efetivamente possível a fiscalidade ampla e irrestrita da construção de todos os provimentos legislativos.

Aquela visão antidemocrática da jurisdição (de poder, de força do Estado para dizer do direito no caso concreto), como se sabe, nasceu com a Escola do processo como relação jurídica em que a jurisdição possui uma estreita relação com a Escola do Direito Livre. Considerando a informação fornecida por Guerra Filho[61] [62]de que Bülow, ao lado de Eugen Ehrlich e Kantorowicz, foi adepto do denominado Movimento do Direito Livre, chega-se à teoria do direito adotada pelo processualista e, em conseqüência, à sua concepção de jurisdição.

O Movimento do Direito Livre, assim como a jurisprudência dos interesses e a sociologia jurídica empírica, é uma ramificação da doutrina do positivismo jurídico, que concebia o direito como um dado do mundo exterior (fato sociológico) ou um dado do mundo interior (fato psicológico).

Os adeptos do direito livre — no sentido de livre da lei —, de acordo com Kaufmann,[63] afirmavam que não pregavam a decisão contra a lei, mas apenas indicavam qual o procedimento a ser adotado pelo juiz nos casos de lacuna da lei. Todavia, tinham um conceito excessivamente amplo de lacuna, entendendo sua existência sempre que a lei não resolvesse o caso de forma expressa e inequívoca. Daí sustentar Kantorowicz, citado por Kaufmann,[64] que "não existem menos lacunas do que as palavras"

---

[61] GUERRA FILHO. *A filosofia do direito aplicada ao direito processual e à teoria da Constituição*, p. 36.

[62] Embora Guerra Filho não tenha informado as fontes que justificam sua afirmação, acreditamos que elas se encontram na obra de Bülow a qual não tivemos acesso (Gesetz und Richteramt, 1885) e cuja menção encontramos na obra organizada por A. Kaufmann e W. Hassemer, Introdução à filosofia do direito. Lisboa: Fundação Calouste Gulbenkian, 2002. p. 281, nota 1.

[63] KAUFMANN. A problemática da filosofia do direito ao longo da história. In: KAUFMANN; HASSEMER (Org.). *Introdução à filosofia do direito*, p. 174-176.

[64] Idem, p. 175.

e que, apenas por uma improvável coincidência, um caso jurídico poderia encaixar-se em todos os conceitos da lei a ser aplicada. Assim, nessas situações, ou seja, sempre, deveria o juiz recorrer ao direito livre.

Esse direito livre seria descoberto pelo juiz, pela sua sensibilidade jurídica, no meio social. Caberia ao juiz recorrer às convicções que, no seu meio social, e naquele momento, se tem como o justo. Conclui-se que, para Bülow, adepto da doutrina apresentada, é a jurisdição não uma função do Estado de ditar o direito, mas atividade pessoal do Juiz sábio, intérprete sensitivo de leis sociais e humanas, de dizer (criar) o direito. Nessa concepção, os interessados no provimento judicial são meros espectadores, sem qualquer participação na construção da decisão.

Por sua vez, e considerada uma evolução da Escola do processo como relação jurídica, a Escola Instrumentalista do processo visualiza a jurisdição como o poder-dever do Estado de dizer o direito para o caso concreto, trazendo para o âmbito do estudo do processo escopos metajurídicos. Os adeptos da presente Escola do processo caracterizam a jurisdição pela substitutividade e imparcialidade do juiz. Por isso, acreditam que ela refere-se a um poder manifestado pelo Estado que, por sua vez, possui a capacidade de decidir imperativamente e impor decisões.

A concepção da jurisdição enquanto poder estatal também é abordada por Chiovenda, citado por Pimenta, Marques e Queiroz,[65] conforme a seguinte transcrição:

> O Estado Moderno considera, pois, como sua função essencial a administração da justiça: somente ele tem o poder de aplicar a lei ao caso concreto, poder que se denomina jurisdição. Para isso ele organiza órgãos especiais (jurisdicionais), o mais importante dos quais são os juízes (autoridades judiciárias). Perante estes deve propor a sua demanda aquele que pretenda fazer valer

---

[65] PIMENTA; MARQUES; QUEIROZ, VIEIRA. Processo, ação e jurisdição em Chiovenda. In: LEAL. *Estudos continuados de teoria do processo*, p. 76.

um direito em juízo. A tarefa dos juízes é afirmar e atuar aquela vontade da lei que eles próprios considerem existentes como vontade concreta, dado os fatos que eles considerem realmente existentes.

Liebman visualiza a jurisdição com atividade exclusiva do Estado-Juiz, e afirma que são os órgãos judiciários que têm a tarefa de garantir a eficácia prática e efetiva das normas do ordenamento jurídico. Senão vejamos: "De nossa parte, resumindo, podemos considerar a jurisdição como atividade dos órgãos do Estado, destinada a formular e atuar praticamente a regra jurídica concreta que, segundo o direito vigente, disciplina determinada situação jurídica".[66]

Numa visão pós-moderna, a jurisdição deverá ser vista como um direito fundamental, já que é a atividade estatal que só se realizará por meio da discursividade no âmbito da processualidade. Para a Escola constitucionalista do processo, a função jurisdicional do Estado tem de ser prestada sob fiel obediência ao processo constitucional. Oportuna a seguinte doutrina de Ronaldo Brêtas C. Dias:[67]

> [...] a função jurisdicional, no Estado Democrático de Direito, não é atividade beneficente, obsequiosa ou caritativa, mas poder-dever do Estado, razão pela qual, em contrapartida, é direito fundamental de qualquer um do povo (governantes e governados) e também dos próprios órgãos estatais obtê-la, a tempo e modo, vale dizer, de forma adequada e eficiente, pela garantia do devido processo constitucional.

Assim, em um Estado Democrático de Direito, a jurisdição (função estatal, que deve ser alcançada por uma interpretação compartilhada do texto legal entre os sujeitos do processo, seu destinatário final) só pode ser exercida em um procedimento realizado em contraditório (processo), com acesso a ampla defesa

---

[66] Idem, p.196.
[67] DIAS. Ob. cit., p. 93

(não confundir ampla defesa com dilação probatória indevida) e isonomia, que se constitui na "mais ágil e mais democrática estrutura para que a sentença que dele resulte se forme, seja gerada, com a garantia de participação igual, paritária, simétrica, daqueles que receberão os seus efeitos".[68]

---

[68] CATTONI DE OLIVEIRA. *Direito processual constitucional*, p. 199.

Capítulo 2

Teorias sobre
a natureza jurídica do processo

Sumário: **1** Teoria do processo como contrato - **2** Teoria do processo como quase-contrato - **3** Teoria do processo como relação jurídica entre pessoas - **4** Teoria do processo como situação jurídica - **5** Teoria do processo como instituição jurídica - **6** Teoria do processo como procedimento realizado em contraditório - **7** Teoria constitucionalista do processo - **8** Teoria neo-institucionalista do processo

1 Teoria do processo como contrato

Em 1800, Pothier, pela sua obra *Traité des obligations*,[1] divulga a teoria do processo como contrato. Por essa teoria, o processo era um instrumento de aceitação pelas partes da atuação do juiz. Vale dizer, eram as partes que autorizavam a atuação do juiz. Como se vê, tratava-se de uma teoria de caráter exclusivamente privatístico, eis que o processo era visto como um contrato entre os litigantes, que se concretizava com o comparecimento espontâneo das partes em juízo para o desate do litígio que os envolvia. Para Pothier:

---

[1] LEAL. *Teoria geral do processo*: primeiros estudos, 4. ed., p. 87.

instaurava-se o processo pela *litis contestatio* (convenção das partes perante o juiz para acatar a decisão proferida), e o juiz seria o árbitro judicial e facultativo e não órgão jurisdicional monopolizador da jurisdição que independeria de prévia provocação unânime das partes para exarar provimentos.[2]

Totalmente inspirada nos ideais iluministas e, por isso, de caráter individualista, por essa teoria, segundo o seu criador, acreditava-se que o processo era instaurado pela vontade única das partes e o juiz não passava de um árbitro judicial, facultativo, acrescenta-se.

Cintra, Grinover e Dinamarco[3] afirmam que tal teoria não passa de um simples significado da história do processo, uma vez que submete as partes ao processo e às suas conclusões.

Por sua vez, Carreira Alvim, preleciona que:

> A relação que interliga autor e réu no processo é em tudo idêntica à que une as partes contratantes. A teoria do processo como contrato teve suas origens em um texto do jurista romano Ulpiano, cuja tradução resultou: "Em juízo se contraem obrigações, da mesma forma que nas estipulações".[4]

Na mesma linha, Couture[5] ensina que:

> Essa idéia cavalgava sobre duas grandes inclinações do espírito do século XVIII. A primeira delas, conseqüência do neoclassicismo, consistia em relacionar os fenômenos modernos aos da Antigüidade. A outra propensão do século XVIII foi a de examinar os fenômenos jurídicos e sociais debaixo do prima dos contratos. Foram concebidos, assim, como contratos, o matrimônio, a letra de câmbio, associação e até a convivência social.

Assim sendo, o juiz tinha apenas função notorial, já que a jurisdição tinha uma concepção privatística. É que, naquele

---

[2] LEAL. *Teoria geral do processo*: primeiros estudos. 5. ed., p. 87.

[3] CINTRA; GRINOVER; DINAMARCO. *Teoria geral do processo*, p. 279.

[4] CARREIRA ALVIM. *Elementos de teoria geral do processo*, p. 133.

[5] COUTURE. *Introdução ao estudo do processo civil*, p. 39.

tempo, o autor, fazendo-se acompanhar do réu, comparecia perante o Pretor, já acompanhado das testemunhas, dirigindo-lhe a controvérsia (lide) de maneira oral. A finalidade das testemunhas era provar perante o juiz o que se passou diante do Pretor. Tudo era realizado oralmente. Dessa forma, era fixada a *litis*, escolhia-se o juiz e as partes acordavam aceitar a decisão que viesse a ser proferida.[6] Com o passar do tempo e com

> o advento do sistema formulário os atos passaram a ser documentados por escrito (acta, autos, atas, termos etc) e a fórmula teve a mesma sorte. Desapareceu a razão de ser da *contestatitio litis* e com ela a própria solenidade. A expressão *titis-contestatio* passou então a designar a tríplice operação pela qual o Pretor entregava a fórmula ao autor *(dare iudicium), esse a propunha ao réu (edere iudicium)*, e o último a aceitava *(accipere iudicium)*.[7]

A grande maioria dos escritores era acorde quanto ao caráter convencional da *litis contestatio* e afirmavam que correspondia ao conceito de originário e fundamental da jurisdição em Roma. "A sentença era ali o fruto da submissão voluntária das partes à futura decisão do juiz. Todo o processo do *ordo iudiciorum* e mesmo o das *legis actiones*, fundava-se sobre a convenção: *sicut stipulatione contrahitur cum filio, ita iudicio contrahi*."[8]

Insta salientar que, na Idade Média, o conceito de contrato judiciário foi aplicado, também, ao processo penal. "Não sei se nisso terá influído o fato de a jurisdição penal haver passado para a mão de particulares, chegando, no regime feudal, a ser uma decorrência do enfeudamento. O certo é que se dizia: 'por haver concordado em submeter-se à decisão, *réus maneat ad poenam obligatus*'. Todo o processo, tanto o civil quanto ao penal era, assim, informado por critérios privatísticos."[9]

---

[6] TORNAGHI. *A relação processual penal*, p. 318.
[7] TORNAGHI. Ob. cit., p. 318.
[8] Idem, p. 321.
[9] Ibidem, p. 322.

Ainda no século XVIII, tal teoria ruiu tendo em vista que o juiz não mais precisava do consenso das partes para impor a sua decisão. Em outras palavras: o individualismo deixava de imperar, até por que a co-atividade da sentença passou a independer da vontade das partes.

2 Teoria do processo como quase-contrato

Em 1850, Savigny e Guényau, segundo Couture, ainda que sem perder a influência dos romanistas e sob o estímulo do liberalismo, procuraram evoluir a tese do processo como contrato, alegando que a fórmula romana, ao fixar a *litis contestatio*, gerava efeitos como se fora um contrato. Logo, atribuíram ao processo a natureza de quase-contrato, uma vez que acreditavam que, quanto ao réu, não era necessária prévia aceitação dos efeitos da sentença. Ao contrário, quanto ao autor, seu ingresso em juízo representava seu prévio consentimento aos resultados do processo.

Couture, procurando entender a presente teoria, afirmou que aqueles estudiosos apoiaram-se em um fragmento do *Digesto* e que acreditavam que não sendo o processo, como fonte de obrigações, nem um contrato, nem um direito, nem um quase-delito, deveria ser, por eliminação, um quase-contrato.[10] Em arrimo a essa conclusão, Tornaghi, pesquisando o tema, afirmou que:

> Outros autores entendem que é mais acertado conceber o processo romano como quase-contrato. Se sob certos aspectos ele tinha a aparência de um contrato, sob outros dele diferia: "Num contrato, o negócio desejado malogra e considera-se não ocorrido se as partes não chegam a concordar; no processo ao contrário, em caso de não chegarem elas ao acordo, o Pretor intervinha e cortava a controvérsia". Em síntese: o fato completo que gera a nova obrigação, a *obligatio condemnari oportere*, apresenta sob certos aspectos o caráter de contrato e sob outros não; se não é esse o caso em que deveria surgir a idéia do *quase-contrato*, então ele nunca apareceria.[11]

---

[10] COUTURE. *Introdução ao estudo do processo civil*, p. 40
[11] TORNAGHI. Ob. cit. p. 322.

Para definir o que era *quase-contrato*, os romanos utilizaram-se da exclusão: era a fonte daquelas obrigações que não provinham de ato ilícito nem de contrato, derivavam de algo como o contrato, semelhante ao contrato. Destarte, quase-contrato seria o fato espontâneo e lícito que redundava em uma obrigação para com um terceiro ou recíproca entre as partes, o que mereceu as críticas de Tornaghi, já que:

> Se o quase-contrato é apenas um fato e não um acordo de vontades, onde a analogia entre ele e o contrato? Análogos seriam se substancialmente iguais, embora diversos nos acidentes. A substância do contrato é o acordo. Onde não há acordo não há contrato.
>
> A alegação de que nos quase-contrato há consenso presuntivo transformá-lo-ia em verdadeiro contrato, fá-lo-ia desaparecer.
>
> A explicação do processo como quase-contrato parece o resultado de um apego demasiado à concepção privatística. Com razão Mortara: "...essa figura, ou meia figura de instituto do Direito material comparece na cena do processo civil como expressão de tenacidade cega, no propósito de reatar a ação judiciária civil ao regime das convenções, pelo simples fato de assim haverem feito os jurisconsultos romanos". E adiciona que essa tentativa de explicação apareceu quando os institutos processuais e jurisdicionais já não ministravam as linhas nítidas e bem delineadas daquela figura de contrato porventura própria da *contestatio litis* do processo civil romano. É certo que a relação processual nasce de um fato lícito e voluntário: o pedido feito pelo autor; e também é verdade que desse fato advêm conseqüências complexas, a mais importante das quais é a ingerência do órgão jurisdicional que não deve ser considerada fruto de uma convenção privada nem pertence diretamente à ordem jurídica privada.[12]

Tal teoria, a exemplo da anterior, insurgiu no mesmo erro, qual seja: o de procurar, a todo custo, enquadrar o processo na categoria de direito privado, eis que a jurisdição já era obrigatória, não necessitando o juiz do consentimento prévio do autor para proferir sua decisão.

---

[12] TORNAGHI. Ob. cit., p. 324.

Foi a partir de Oskar Von Bülow que a idéia de processo foi desenvolvida de modo a ensejar a passagem da relação jurídica material que há entre as partes litigantes para o cerne do processo, ensejando a criação da relação jurídica processual entre pessoas, nosso próximo assunto.

3 Teoria do processo como relação jurídica entre pessoas

O jurista alemão Oskar Von Bülow, em sua obra intitulada *Teoria das exceções processuais e dos pressupostos processuais*, conceitua o processo como relação jurídica de direito público, que se desenvolve de modo progressivo entre as partes, juiz, autor e réu, e que se diferencia da relação jurídica material pela exigência de configuração dos pressupostos processuais, requisitos de admissibilidade e condições prévias para a tramitação de toda relação jurídica processual.

Tratar-se-ia de relação jurídica de direito público porque formada com a participação direta de servidores estatais. A propósito:

> [...] desde que los derechos y las obligaciones procesales se dan entre los funcionarios del Estado y los ciudadanos, desde que se trata en el proceso de la función de los oficiales públicos y desde que, también, a las partes se las torna em cuenta unicamente en el aspecto de su vinculación con la actividad judicial esa relación pertenece, con toda evidencia al derecho público y el proceso resulta, por tanto, una relación jurídica publica.[13]

Essa relação jurídica processual, esclarece Bülow, diversamente do que ocorre com as demais relações jurídicas, caminha

---

[13] BÜLOW, Oskar Von. Ob. cit., 1964, p. 2. "Desde que os direitos e as obrigações processuais se dão entre os funcionários do Estado e os cidadãos, desde que se trata no processo de uma função dos oficiais públicos e desde que, a partes as toma em conta unicamente em seu aspecto de vinculação com a atividade judicial essa relação pertence, com toda a evidência ao direito público e o processo resulta, por tanto, uma relação jurídica pública." Tradução livre.

gradualmente encontrando-se em contínuo movimento. Enquanto as relações jurídicas de direito privado — que constituem o objeto da atividade judicial — aparecem apenas quando já concluídas, a relação processual é percebida desde a origem e conclui-se por meio de um contrato de direito público pelo qual o juiz assume a obrigação de decidir (declarar e atuar o direito deduzido em juízo), e as partes se obrigam a submeter-se ao resultado dessa atividade.

Embora Bülow deixe claro em sua obra (ainda que em breves notas de rodapé)[14] que buscou inspiração na máxima de Bulgaro (jurista italiano do século XII): *judicium est actum trium personarum: judicis, actoris et rei* (o processo é ato de três personagens: do juiz, do autor e do réu), e na obra de Bethamann-Hollweg (*Der Civilprozess Rechts in geschichtlicher Entwicklung, 1864-1874 — O processo civil do direito comum em seu desenvolvimento histórico*),[15] não resta dúvida de que ele foi também fortemente influenciado pelas teses de Bernhard Windscheid, que em obra publicada em 1856 — *Die Actio des römischen Zivilrechts, von Standpunkte des heutigen Rechts* (*A ação do direito romano do ponto de vista do direito civil*) — possibilitou a conciliação de uma determinada noção de direito subjetivo (prerrogativa sobre a conduta alheia) com a de processo,[16] restando, portanto, a Bülow, apenas a estruturação da teoria da relação processual.

A teoria desenvolvida por Bülow encontra suas bases na idéia de subordinação de um dos sujeitos da relação jurídica processual ao outro, idéia essa compatível com as construções do direito privado da época, marcadas por concepções individualistas.

Sobre o direito como relação jurídica, concepção dominante na Europa no século XIX, idéia matriz do movimento cultural

---

[14] BÜLOW. Ob. cit., p. 1, nota 1 e p. 3, nota 3.

[15] Segundo observa Bülow, nessa obra, Bethamann-Holweg, embora sem maiores esclarecimentos, afirma que o processo é uma relação de direitos e obrigações recíprocas. Ob. cit. p. 1, nota 1.

[16] GONÇALVES, Aroldo Plínio. Ob. cit, p. 71.

conhecido como pandectista germânica, observa Ovídio Batista da Silva[17] "que se reconhece que tal concepção sempre esteve historicamente comprometida com determinados pressupostos políticos, de índole liberal e burguesa".

Não se pode, evidentemente, obscurecer a extraordinária importância que o estudo do processo como uma relação jurídica peculiar, de direito público, teve para o desenvolvimento do direito processual civil como uma disciplina científica autônoma. Mas também não seria adequado deixar de referir-se ao preço extraordinário que a doutrina processual ainda hoje paga ao conceitualismo jurídico que caracterizou a ciência, na Europa do século XIX. A noção de direito subjetivo como direito de cada indivíduo, ou seja, como um poder da vontade individual (Windscheid), ou mesmo como interesse juridicamente protegido (Jhering), teve reflexos mutiladores tanto nas questões de legitimação processual quanto, especialmente, na dificuldade de que, ainda hoje, observa-se na doutrina processual para se conceberem e se disciplinarem processualmente as ações coletivas ou públicas, em que se busca, não a proteção de "direitos subjetivos", mas a tutela jurisdicional para os interesses de grandes coletividades humanas.

O atomismo individual, que caracterizou a doutrina política nascida na Revolução Francesa, para impedir as formações sociais intermediárias entre os indivíduos e o Estado, refletiu-se nas concepções da doutrina processual com uma intensidade inaudita e, ainda hoje, oferece resistência tenaz às idéias contemporâneas, que procuram adequar o processo civil às novas necessidades sociais.

Com efeito, é o direito subjetivo — conceituado pelos individualistas como poder sobre a conduta alheia —, o sustentáculo da teoria estruturada por Bülow. É certo que tal conceito, com

---

[17] SILVA. *Curso de processo civil*. 6. ed., p. 17.

Windscheid (1856), deu origem ao de relação jurídica, entendida como vínculo normativo entre duas pessoas, que pode exigir o cumprimento de um dever jurídico, uma da outra. Essa noção de relação jurídica, estreitamente ligada à idéia de dominação e opressão é a que vai marcar a forma de organização das relações sociais e humanas da época.[18] Quando transposta para o campo processual, é inovada com a chegada do Estado para ocupar a posição passiva da relação jurídica processual,[19] mas mantém sua característica essencial: o vínculo jurídico de exigibilidade entre os sujeitos do processo.

Quanto à distinção entre processo e procedimento, embora se perceba que Bülow empregou esforços para estabelecê-la, acabou por apresentar tais institutos como um único fenômeno.

De fato, para Bülow a noção de processo inclui o procedimento ("aquel aspecto de la noción de proceso que salta a la vista de la mayoría: su marcha o adelanto gradual")[20] e a relação jurídica processual ("Se podría, según el viejo uso, hacer predominar aún el procedimiento en la definición del proceso, si no se descuidara mostrar la relación procesal como la otra parte de la noción"),[21] sendo possível afirmar-se, portanto, que o procedimento advém do processo.[22]

---

[18] VILELLA, citado por GONÇALVES. Ob. cit., p. 78.

[19] A doutrina do liberal individualismo possibilitou o surgimento da teoria da relação jurídica processual, cujo desenvolvimento, paradoxalmente, levou o Estado-Juiz a assumir uma posição dominante e superior em relação às partes, o que pode ser facilmente conferido pela doutrina produzida a partir da obra de Oskar Von Bülow, citando-se, como exemplo, os estudos desenvolvidos por Hellwig, na Alemanha, e por Calamandrei, na Itália.

[20] BÜLOW, Oskar Von. Ob. cit., p. 3.

[21] Idem, p. 4.

[22] Daí decorre a dificuldade ainda existente para os adeptos da teoria do processo como relação jurídica na elaboração de uma distinção adequada entre os aludidos institutos. Proclamam tais processualistas, por meio de um discurso tautológico, que o procedimento é a forma imposta ao fenômeno processual ou o meio extrínseco pelo qual se instaura, desenvolve e termina o processo, que, por sua vez, é o método ou finalidade abstrata de obter o provimento (CINTRA; GRINOVER; DINAMARCO. *Teoria*

No que diz respeito aos pressupostos processuais (elementos constitutivos da relação processual), Bülow os define como sendo aqueles requisitos imprescindíveis ao nascimento da relação processual e que englobam os requisitos de admissibilidade e as exigências prévias para que se efetive a relação processual inteira. Dizem respeito às pessoas, ao objeto (litígio), ao fato ou ato gerador (atos necessários à formação da relação processual), à capacidade e legitimação para praticar tais atos, estando, pois, relacionados às prescrições legais sobre:

> 1) la competencia, capacidad e insospechabilidad del Tribunal; la capacidad procesal de las partes (persona legitima standi in iudicio [persona legítima para estar en juicio]) y la legitimación de su representante;
>
> 2) las cualidades propias e imprescindibles de una materia litigiosa civil;
>
> 3) la redacción y comunicación (o notificación) de la demanda y la obligación del actor por las cauciones procesales;
>
> 4) el orden entre varios procesos.[23]

Qualquer falha, a respeito desses elementos, impede o aparecimento do processo.

Mostra o processualista alemão que o juiz, antes de julgar o mérito, deve verificar se estão presentes os requisitos de existência do processo. Ele deve pronunciar-se não apenas sobre a *res in judicium deducta,* mas também sobre o próprio *judicium.* Esse dualismo do material que se discute no processo leva à divisão deste em dois segmentos: um dedicado à pesquisa da relação material litigiosa; e outro à verificação dos pressupostos processuais. É o que ocorria no processo civil romano, no qual

---

geral do processo, 8. ed., p. 247.). Aquele aspecto da noção do processo que salta à vista da maioria: sua marcha adiante e gradual...Se pode, segundo eu vejo, fazer predominar ainda o procedimento na definição de processo, não se pode descuidar de mostrar a relação processual com a outra parte desta noção. Tradução livre.

[23] BÜLOW. Ob. cit. p. 5.

antecedia ao procedimento *in judicium* (dedicado à apuração e decisão sobre a questão de mérito) um procedimento preparatório destinado unicamente à verificação da relação processual (*ad constituendum judicium*). Na Alemanha, porém, com a Lei de 1654 (*jüngste Reichsabschied*), que, seguindo o modelo saxônico, passou a exigir que o réu apresentasse a resposta a todos os pontos do pedido logo na primeira audiência,[24] os procedimentos preparatório e principal passaram a caminhar juntos, e as questões referentes aos pressupostos processuais passaram a ser examinadas em fase única, sem fusão, porém, com as questões de mérito. Já os novos Códigos de processo Civil alemão, informa o autor, voltaram a delimitar temporalmente as duas fases. Como o procedimento preparatório tem por objeto os pressupostos processuais, o ato final desse prévio procedimento consiste ou em uma *litis contestatio* (admissão da demanda) ou em uma *absolutio ab instantia* (recusa da demanda como inadmissível, o que os romanos chamavam *denegatio actionis*). Esclarece Bülow que essas alternativas são apenas o resultado do exame da relação processual, da mesma forma que a *condemnatio* ou a *absolutio ab actione* provém da consideração da relação litigiosa material. A litiscontestação é a resposta positiva e a rejeição é a resposta negativa à pergunta sobre os requisitos de existência da relação processual.[25] Somente por esse prisma, conclui Bülow, é possível compreender plenamente esses dois institutos do processo.

Em seguida, demonstra Bülow a importância da consideração dos pressupostos processuais para a solução dos problemas que surgem quanto ao ônus da prova (no procedimento preparatório) e no concernente às nulidades. Critica que, em seu tempo, as questões referentes ao que denomina pressupostos processuais eram tratadas juntamente com outras matérias que não podem

---

[24] TORNAGHI. Ob. cit., p. 71.
[25] BÜLOW. Ob. cit., p. 8.

ser consideradas requisitos de realização do processo — entre as quais, os deveres gerais do juiz e das partes, a demanda por danos, os secretários, as custas, e sob a inadequada roupagem das exceções dilatórias processuais, o que oculta a sua verdadeira função.[26] Bülow, descrevendo o direito de seu tempo, afirma que eram admitidos dois tipos de exceções dilatórias: aquelas referentes ao mérito (por exemplo, as *exceptio pacti de non petendo intra certum tempus, non adimpleti contractus, excussionis*); e as concernentes à maneira de proceder "*(exceptiones declinatoriae iudicii) excepciones declinatorias (o desviadoras del juicio), excepciones [Einreden] dilatórias procesales, objeciones [Einwendungen] procesales*".[27]

Essas eram as chamadas exceções dilatórias processuais e diziam respeito aos pressupostos processuais enumerados pelo autor, uma vez que se relacionavam:

> 1. às pessoas do processo: *as exceptio fori incompetentis, praeventionis, judicis inhabilis vel suspecti; deficientis personae standi in judicio; procuratória vel deficientis legitimationis ad processu, deficientis tutoris vel syndicatus* (exceção de incompetência do foro, de prevenção, do juiz inabilitado ou suspeito; exceção de falta de personalidade para estar em juízo; exceção procuratória ou de falta de legitimação para o processo, de falta de tutor ou síndico);
>
> 2. à matéria do processo em si: *a exceptio non rite formati processus* (exceção de processo não ritualmente formado);
>
> 3. à proposição da demanda, a sua comunicação e à prestação de caução: *as exceptio libelli obscuri vel inepti, termini nimis angusti, loci non tuti, praestandae cautionis pro expensis vel pro reconcentione* (exceção de libelo obscuro ou inepto, de prazo demasiado estreito, de lugar inseguro, de caução que deve prestar-se pelas custas ou pela reconvenção);
>
> 4. à ordem consecutiva dos processos: *as exceptio praejudicialis, connexitatis causarum, praeposteritatis* (exceção prejudicial, de conexão de causas, de intempestividade).[28]

---

[26] Idem, p. 8-13.

[27] Ibidem, p. 12.

[28] BÜLOW, ob. cit., p. 15.

Bülow defende que o trato de tais matérias na teoria das exceções, ao lado daqueles temas referentes ao mérito, é inadequado, pois, entre outras razões, implica admitir-se que um único instituto jurídico cuide de matérias com características extremamente distintas. Não é por outra razão, adverte o autor, que se tem excluído, no caso das exceções ditas processuais, a aplicação de princípios próprios ao instituto das exceções,[29] bem como se tem, injustamente e por desconhecimento, criticado o direito romano. Na verdade, acreditava o processualista que todo o sistema das exceções processuais decorre de equivocadas interpretações do direito romano, no qual não existiam exceções processuais, sendo todas as exceções, inclusive as dilatórias, de direito material.[30]

Como sugere Tornaghi,[31] para uma adequada compreensão do pensamento de Bülow, é importante fixar que, ao tempo do procedimento *per formulas*, o juiz somente poderia condenar o réu se recusada a *exceptio*, que era o modo de defesa concedido pelo pretor por meio do qual o réu intentava provar a existência de algum fato (dolo, coação, etc.) que tornasse injusta a *intentio* (pretensão) do autor.

Sobre o tema, esclarece José Marcos Rodrigues Vieira que as exceções eram peremptórias ou dilatórias. Aquelas extinguiam a pretensão do autor e "poderiam ser invocadas sempre, irrelevante à época da propositura da ação. Assim as de dolo, de coação, de coisa julgada".[32] As exceções dilatórias estavam sujeitas a prazo decadencial e tinham por objetivo paralisar, temporariamente, o direito do autor e, assim, dar prazo ao réu. Entre essas, havia as *exceptiones cognitoriae* que "se opunham ao autor por um

---

[29] Entre os quais, o princípio do caráter privado do direito de exceção, direito submetido à livre disposição.

[30] BÜLOW. Ob. cit., p. 16-17, 256-257.

[31] TORNAGHI. Ob. cit., p. 68.

[32] VIEIRA. Ob. cit., p. 22.

'cognitor', eram superáveis com a substituição do 'cognitor' (que, aliás, pelo Edito, não tinha representação judicial) ou com o comparecimento pessoal da parte".[33]

Retornando ao pensamento de Bülow observar-se que o objeto de suas construções consistirá na demonstração de que cada uma das exceções romanas apontadas pelos estudiosos — entre os quais Savigny e Benthan-Hillweg — como processuais (a *exceptio procuratoria e cognitoria,* a *exceptio litis dividuae et rei residuae;* a *exceptio fori;* a *exceptio praejudicii*) — e que seriam o fundamento das exceções dilatórias processuais de sua época — pertenciam ao próprio direito litigioso, sendo certo que as denominadas *exceptio fori, e as exceptio praejudicii* ali nunca existiram. Surpreende-se o autor com o fato de que um conceito jurídico de acentuada amplitude — exceções processuais — tenha sido construído sobre fundamentos tão enganosos.[34]

A partir das aludidas análises, Bülow aponta as numerosas e importantes conseqüências que resultam da supressão da teoria das exceções processuais para o direito romano e o direito de sua época.

Com efeito, demonstrado que o conceito dual de exceções dilatórias processuais e substanciais é estranho ao direito romano, aceita-se, com tranqüilidade, que as exceções dilatórias (limitação temporária do direito do autor) e peremptórias (limitação permanente do direito do autor) tenham sido tratadas com uniformidade pelos romanos, afastando-se, desse modo, as impertinentes críticas formuladas pelos estudiosos defensores das exceções processuais.[35]

De outro lado, eliminada a teoria das exceções processuais, evitam-se as comuns transgressões aos princípios inerentes ao instituto das exceções, como, por exemplo, o que ocorre no trato

---

[33] Idem, p. 22.
[34] BÜLOW. Ob. cit., p. 28-30, 230-231.
[35] BÜLOW. Ob. cit., p. 233, 257-259.

das chamadas *exceptio praejudicii* (que não existiram no direito romano), que devem ser consideradas de ofício, ainda que não opostas pelo demandado, em clara ofensa ao princípio do caráter privado do direito de exceção.[36]

Outro mal a ser eliminado com o fim da teoria das exceções processuais está relacionado à fase processual em que deveria se dar, no direito romano, a prova da exceção.

Esclarece Bülow[37] que as exceções eram concedidas, exatamente como as ações, por meio da fórmula e, portanto, apenas após a litiscontestação, já ao final do procedimento *in judicio*, iam a exame e prova, o que justifica a regra da L. 19 C. *de probation*, 4, 19 (*Dioclet. Et Maxim.*): *Exceptionem dilatoriam opponi quidem initio*, "probari vero postquam actor — monstraverit, quod asseverat, oporlet" (a exceção dilatória deve ser oposta ao começo, mas deve ser provada depois que o autor tenha demonstrado o que assevera). Tal passagem, narra o autor, pareceu absurda aos defensores da teoria das exceções processuais, uma vez que se lhes afigurava insensato colocar "al final del proceso el debate de la cuestión de que dependía su procedencia y validez".[38] Assim, tais estudiosos recorreram à interpretação restritiva da L. 19 C. *de probat.*, estabelecendo que a regra não incluía as *exceptiones dilatoriae judicii*. Agora, arremata Bülow, estabelecido que todas as exceções dilatórias são materiais, "no ofrece el menor inconveniente la invocada L. 19".[39]

Da índole material das exceções no processo romano decorre, ainda, que o efeito de sua prova equivalerá sempre a uma sentença sobre o direito litigioso; "si el actor pierde, el demandado es absuelto".[40] Isso não significa não terem os romanos atentado

---

[36] Idem, p. 260-261.

[37] Idem, p. 261-265.

[38] Idem, p. 262. Ao final do processo o debate da questão de que dependia sua procedência e validez. Tradução livre.

[39] Idem, p. 265. Não oferece o menor inconveniente a invocada L.19. Tradução livre.

[40] BÜLOW. Ob. cit., p. 266. Se o autor perde, o demandado é absolvido. Tradução livre.

para o conteúdo das exceções chamadas processuais no direito alemão. Tal matéria era por eles abordada no procedimento "in jure" — que antecede ao procedimento *in judicio* do qual resultava uma sentença de mérito — e não como conteúdo de qualquer exceção, sendo certo que a verificação de qualquer violação a normas processuais levava a *denegare actionem*. Em conseqüência, conclui Bülow, injustificável também a interpretação restritiva que se deu à regra do direito romano de que a análise de uma exceção necessariamente levaria a um julgamento de mérito, para entendê-la inaplicável às chamadas exceções dilatórias processuais, caso em que a decisão que as acolhesse implicaria uma *absolutio ab instantia*. Ainda em relação à sentença que, no direito romano, acolhia uma exceção dilatória temporal[41] pode-se falar, segundo Bülow, em decisão de mérito, embora tivesse sua eficácia limitada no tempo.[42]

Sobre o citado procedimento judicial romano, Bülow esclarece que ele era dividido em dois estágios: o procedimento preparatório (*in jure*) e o principal (*in judicio*). Os pressupostos processuais pertenciam exclusivamente ao procedimento *in jure*, eram discutidos, provados e resolvidos definitivamente.[43]

---

[41] Por tal exceção, buscava o devedor provar que a dívida demandada ainda não estava vencida. Nesse ponto critica Bülow a interpretação, a seu ver equivocada, que os adeptos da teoria das exceções processuais deram á prescrição de Justiniano, §10 J. *de exc.*, 4, 13, retirando-se daí a conclusão de que o acolhimento da aludida exceção levaria a *absolutio ab instantia*. A regra em comento, esclareça-se, estabelecia que o autor que perdeu a demanda devido ao acolhimento de uma exceção dilatória-temporal somente poderia reiniciá-la após reembolsar ao devedor os gastos efetuados com a demanda anterior, bem como após decorrido o dobro do prazo original que tinha o devedor para pagar a dívida. Para Bülow, a sentença, no caso, é de mérito, uma vez que o reconhecimento de um defeito do direito litigioso (dívida não vencida) não equivale ao reconhecimento de uma lesão a um preceito de direito processual.

[42] BÜLOW. Ob. cit., p. 265-276.

[43] Esclarece Bülow que a necessidade de alegação e prova dependia da natureza absoluta ou relativa da regra processual em discussão, sendo que *"en la mayoría de los casos una parte muy grande de los presupuestos procesales se consideraba ex officio,* sendo absolutamente enganosa a idéia de que eles constituíam o material de exceções *defensiones* ou *praescriptiones,* entendendo-se como tais as hipóteses que dependiam de uma objeção formal do demandado. Ob. cit., p. 283-285.

Comprovada a existência dos pressupostos processuais, admitia-se o processo (*actionis datio, constitutio judicii, litis contestatio*); caso contrário, verificado qualquer defeito, era expedido um decreto pelo qual se declarava que o processo não estava em condição de iniciar-se, "ni el reo en la obligación de someterse al mismo" (*denegare actionem, judicium accipere non cogi*).[44] O verdadeiro objetivo do procedimento preparatório, entende o autor, consistia na *constitutio judicii*, na determinação segura da relação processual, e não apenas na determinação da *actio*, com a fixação da fórmula correspondente à demanda. Já ao procedimento *in judicio* restava apenas a discussão e resolução da relação litigiosa material. Com tal distinção,[45] acredita Bülow ter demonstrado o equívoco divulgado pela teoria das exceções processuais ao defender que, no procedimento romano, a discussão sobre os fatos correspondentes aos pressupostos processuais era remetida, em determinados casos, ao *judicium*, onde, junto com a relação litigiosa material, era resolvida por meio de uma *exceptio* ou *praescriptio*[46] — entendimento esse que fundamentava a existência da criticada teoria das exceções processuais.

Por fim, o processualista alemão analisa as conseqüências positivas para o direito alemão do abandono da teoria das exceções processuais.[47]

Inicialmente, ele observa que as teorias que se fundamentam em falsas interpretações do *Corpus Juris* são consideradas, no direito de sua época, carentes de valor, sendo certo que apenas por feliz causalidade uma ou outra teoria dessa espécie encontrou boa acolhida geral. Assim, questiona se a teoria das

---

[44] BÜLOW. Ob. cit., p. 285.

[45] A distinção que ora apontamos é apenas um resumo do cuidadoso estudo desenvolvido pelo autor às páginas 277 a 286 de sua obra.

[46] Bülow, ao longo de sua obra, demonstra que o conteúdo do procedimento *in jure* corresponde à lista de exceções processuais que figuravam nos "Tratados" alemães vigentes em seu tempo.

[47] BÜLOW. Ob. cit., p. 287-302.

exceções processuais, não obstante sua errônea vinculação ao direito romano, deve ser abraçada pela doutrina, pela legislação e pela prática. Conclui, ao final, pela imperiosa necessidade de seu abandono para que se permita o progresso do direito processual moderno.

O autor chega à citada conclusão após constatar que, cientificamente, um mesmo instituto não pode estar informado por princípios e normas que não se apresentem harmônicas, o que ocorre ao considerarem-se os pressupostos processuais pela ótica das exceções. De fato, observa Bülow que, se os pressupostos processuais, no direito alemão, têm a mesma natureza que tinham no direito romano e, portanto, não se confundem com a matéria que era objeto das exceções, permanece a necessidade científica de que sejam tratados como institutos diversos, com normas e princípios próprios. Somente assim, acredita, será possível uma profunda compreensão a respeito dos pressupostos processuais.

Assim, Bülow defende que a exceção seja conceituada não como "o que o demandado deve alegar frente à demanda"[48] (incluídas aí as questões referentes aos pressupostos processuais), mas como "tudo o que ele deve aduzir contra aquela (e, se contraditado, provar) quando ele deseje e queira que o juiz o considere".[49] Esse conceito, na linha seguida pelo autor, jamais pode ser aplicado aos pressupostos processuais, visto que, em regra, tal matéria não pode ser deixada à disposição das partes, cabendo ao juiz uma função ativa no sentido de contribuir para a formação válida do processo.

Quanto ao ônus da prova, demonstra Bülow a impossibilidade de aplicação do princípio comum às exceções, pois, sendo os pressupostos processuais matéria que sequer precisa ser aduzida, é irracional exigir-se do demandado prova de sua respectiva

---

[48] BÜLOW. Ob. cit., p. 290.
[49] Idem, p. 290.

fundamentação fática — que, conforme faz observar o autor, inexiste em boa parte das exceções ditas processuais.

Após, e ao final de sua obra, sugere o autor que se fale em pressupostos processuais — e não em exceções dilatórias processuais — quando se invocarem defeitos na formação do processo. Expressa, ainda, o desejo de que sua sugestão seja acolhida pela legislação que, com sua autoridade, tem reforçado a resistência de tão inadequada teoria, impedindo, assim, o desenvolvimento científico do Direito Processual Civil.

Registre-se, por fim, que os conceitos processuais desenvolvidos por Bülow, embora tivessem em mira o direito processual civil, em muito contribuíram para o processo penal, possibilitando a passagem do procedimento inquisitivo para o acusatório, visto que o réu deixa de ser objeto da persecução estatal para figurar como sujeito da relação processual penal.

4 Teoria do processo como situação jurídica

A teoria do processo como situação jurídica foi criada por James Goldschmidt para contrapor a teoria do processo como relação jurídica entre pessoas de Bülow. Para demonstrar como essa teoria encontrava-se em 1925, Goldschmidt afirmou que o ponto de partida de Bülow foi o assentamento do conceito de pressupostos processuais e, a partir deles, passa a examinar a relação processual e os chamados pressupostos processuais. Conclui, então, que o ponto de partida de Bülow era equivocado no que concerne ao Direito Romano, pois nem o procedimento do Pretor (*in iure*) tinha o fim exclusivo de comprovar a existência dos pressupostos processuais, nem o procedimento diante do *iudex* (*in iudiciio*) se referia apenas ao mérito.[50] Para ele, o processo não é uma relação jurídica, porque não é estático, mas, sim, uma situação jurídica devido à sua dinamicidade. Esse estudioso via o

---

[50] TORNHAGHI. Ob. cit., p. 388.

processo como um duelo, com a criação e a utilização de inúmeras estratégias, no qual a decisão do juiz será produto de atuação das partes. A respeito, veja a opinião de Tornaghi:

> As normas legais consideradas como padrões para o juiz, são, conseqüentemente, para os indivíduos promessas ou ameaças de determinados comportamentos do juiz; em outras palavras; coloca-os em situação de expectativa de uma sentença favorável ou de perspectiva de uma sentença desfavorável. Em quatro situações podem encontrar-se as partes, conforme pratiquem ou omitam atos processuais; situação de possibilidade, quando com a prática de um ato possam proporcionar-se qualquer vantagem; situação de encargo, quando com a realização de um ato possam evitar uma desvantagem; situação de expectativa, quando possam esperar um lucro sem executar ato algum; situação de dispensa, quando a omissão de um ato não lhes traga qualquer prejuízo. As duas primeiras situações dependem de uma comissão, as outras duas de uma omissão. A possibilidade, a expectativa e a dispensa constituem o que se poderia chamar direitos processuais, mas que, melhormente, se chamariam oportunidades.[51]

A teoria de Goldschmidt foi criticada por Calamandrei, citado por Tornaghi, quando aquele processualista italiano sustentou que "a teoria do processo como situação jurídica se funda num princípio moral: o de que cada homem é o artífice de seu próprio destino, vizinho próximo daquele outro de que o Direito socorre os diligentes, o que em linguagem jurídica se traduz por princípio da auto-responsabilidade das partes". Tornaghi foi mais direto ao cerne da teoria do processo como situação jurídica. Observe:

> Não contesto a reta intenção de Goldschmidt, que não está em jogo, mas creio que sua concepção se resolve numa técnica do oportunismo. E, por outro lado, sua afirmação não colhe quando a lei, por motivos de ordem pública, limita, ou até exclui, o poder dispositivo das partes e dá ao juiz função inquisitiva. Em particular, a concepção de Goldschmidt não corresponde ao processo penal.[52]

---

[51] TORNAGHI. Ob. cit., p. 391.
[52] TORNAGHI, Ob. cit., p. 393.

De acordo com esta teoria, o processo era um conjunto de fatos devidamente argumentados, a propiciar a solução do conflito através da sentença, não havendo a necessidade de guardar nenhuma relação com o processo, já que "os chamados pressupostos processuais não seriam realmente pressupostos, pois não precedem o processo, mas ao contrário, existem dentro dele, aparecem depois que ele surge e nele é que são examinados. São, portanto, pressupostos da decisão de mérito".[53]

A partir dessa conclusão, Goldschmidt passa a analisar os chamados deveres processuais. Inicia-se pelos deveres do juiz para afirmar que eles têm sua origem no Direito Público e não no Direito Processual que impõe ao Estado o direito/dever de distribuir a justiça e ao juiz de exercer o seu mister. Quanto aos deveres das partes, Tornaghi resumiu muito bem a concepção da teoria de Goldschmidt que deve ser aqui colacionada, na sua inteireza, pelo seu poder de síntese:

> Considera depois os deveres das partes, quer os de fazer (*Handlungspflichten der Parteien*), quer os de omitir (*Unterlassungspflichten der Partein*), especialmente o dever de cooperar no processo e o de não omitir a verdade. Afirma que não incumbem às partes obrigações processuais, desaparecida que está do processo a *litis contestatio*, e que o dever de submeter-se à jurisdição não enseja o aparecimento de uma relação jurídica nova entre as partes, mas apenas afasta o obstáculo que impedia ao Estado dirigir litígios dos cidadãos de maneira pacífica e racional. No processo moderno já não existe uma obrigação de demandado de submeter-se à jurisdição estadual, mas um *estado de submissão a ela*. Por isso, o não-comparecimento daquele não implica qualquer conseqüência, a não ser o prosseguimento do pleito sem sua presença, ou seja, o procedimento à revelia. A obrigação do demandado de cooperar na *litis contestatio* foi substituída pelo "encargo" de comparecer e replicar à demanda, que é imposto ao demandado em seu próprio interesse. Muito menos tem obrigações o demandante. Finalmente, as partes não têm deveres de omissão.[54]

---

[53] TORNAGHI. Ob. cit., p. 388.
[54] TORNAGHI. Ob. cit., p. 389.

Em uma só palavra:

> Quem não pratica um ato de que tem o encargo não sofre qualquer diminuição no que já tem, qualquer dano emergente, qualquer sanção; apenas deixa de lucrar, tem lucro cessante. A parte pode ter realmente um *direito*, mas se não o prova não terá possibilidade de conseguir sentença favorável. As categorias processuais não são relações jurídicas no sentido literal, e sim situações jurídicas.[55]

Para Goldschmidt,[56] as normas jurídicas possuem duas características, uma de força imperativa para os cidadãos; a outra serve de orientação ao juiz para prolatar a sentença. "Ao se pleitear a proteção de certo direito em juízo, a norma asseguradora seria estática e, só a partir do momento em que o procedimento fosse iniciado, ter-se-ia um estado de esperança, cargas e incertezas, representativo do dinamismo do processo segundo a teoria goldschmidtiana..."[57]

Por tanto, para Goldschmidt a função da norma era orientar o juiz a prolatar a decisão, pouco importando a conexão lógica-jurídica que a sentença viesse a ter ou não com as situações levantadas e argumentadas pelas partes, já que o processo é uma *situação jurídica* entre as partes. "Para esta aplicação, o direito subjetivo privado tem de sofrer uma dupla metamorfose: em primeiro lugar, a transposição em uma exigência de proteção jurídica; em segundo lugar, a redução desta exigência a mera expectativa ou possibilidade processual."[58]

Sendo assim, pode-se concluir que, para Goldschmidt, a expressão *situação jurídica* deve ser entendida como o estado em que as partes se encontram no processo, até o seu encerramento,

---

[55] TORNAGHI. Ob. cit., p. 392.

[56] GOLDSCHMIDT. *Princípios gerais do processo civil*, p. 39.

[57] MADEIRA; VELLOSO; MAIA JÚNIOR; NEVES. Processo, Jurisdição e Ação em James Goldschmidt. In: LEAL (Coord.). *Estudos continuados de teoria do processo*, p. 65.

[58] Idem., Ob. cit., p. 48.

com a sentença que pode ser criada, repita-se, sem nexo de causa-lidade imperativa com aquilo que as partes levaram e debateram nos autos. Já a dinâmica do processo, ainda segundo aquele autor, é marcada pela incerteza das partes quanto às suas sortes.

De acordo com Goldschmidt, o processo é um meio de criação de expectativas por meio de argumentos estratégicos destinados a convencer o juiz. Observa-se que, pela visão goldshmidtiana de processo, este se estrutura pelo aspecto mani-queísta de ganhar ou perder. O processo, nessa teoria, é visto como se fosse um duelo entre as partes, como se fosse um jogo no qual as partes buscam uma vitória espetacular.

Sob essa visão, o juiz continua tendo poderes e faculdades carismáticas na condução do processo[59] e, ainda, praticando abusos e arbitrariedades quando da decisão judicial, já que "o conceito de situação jurídica reduz a um denominador comum a exigência abstrata do cidadão de que o Estado administre justiça e a exigência concreta do titular segundo o Direito material, de que o Estado lhe outorgue proteção jurídica mediante sentença favorável".[60]

Para Goldschmidt, a sentença não precisava ser funda-mentada pelo julgador com bases nos fundamentos jurídicos a ele levados pelas partes, porque a "sentença é uma conclusão do conflito que não guardava uma relação causal com o processo, não passando os direitos processuais de meros prognósticos que poderiam ou não ser aproveitados pela sentença em prol de qualquer dos contendores".[61]

Sendo assim, forçoso concluir que, na teoria criada por Goldschmidt, o direito subjetivo cambiou para a atividade juris-dicional do juiz que, ao seu entendimento, poderia decidir sem levar em consideração as situações de fato e de direito criadas

---

[59] LEAL. *Teoria geral do processo*, 4. ed., p. 90.
[60] TORNAGHI. Ob. cit., p. 392.
[61] LEAL. Ob. cit., p. 90.

pelas partes, "o que fazia do processo uma forma alegórica de canteiro judicial onde as partes lançavam suas alegações que poderiam ou não germinar pelo adubo íntimo do entendimento do julgador".[62]

Pela citação acima, verifica-se que a insegurança jurídica trazida pela teoria do processo de Goldschmidt é duramente criticada. Ao revés, outros processualistas, também de merecido respeito, acreditam que essa insegurança jurídica é uma das marcas geniais da teoria do processo como Situação jurídica "ao mostrar que o direito processual — ao contrário do direito material — caracteriza-se por um estado generalizado de incertezas, onde nenhuma das partes poderia saber os verdadeiros limites de seus direitos e obrigações".[63]

Sustentando a tese de que a relação processual deve ser incerta, insegura, Goldschmidt, em uma frase que pode sintetizar toda a sua teoria, afirmava que:

> Por outro lado, a incerteza é consubstancial às relações proces-
> suais, posto que a sentença judicial nunca se pode prever com
> segurança. Deste modo, resolve-se o dilema: ou negar a incerteza
> das relações jurídicas a respeito da sentença esperada e descartar
> as sentenças injustas ou supor que antes da sentença não existem
> verdadeiras ligações jurídicas.[64]

Tornaghi, procurando compreender a teoria em estudo, afirmou que Goldschmidt "encara o processo como ele é, de fato, por força da imperfeição humana e não como deve ser, de *iure*".[65]

Observa-se que essa conclusão parte do princípio de que, por haver imperfeições na natureza humana, o processo, em tese, poderia ser considerado como situação jurídica, o que ousamos

---

[62] Idem, p. 90.
[63] SILVA. Ob. cit., p. 19.
[64] Idem, p. 50.
[65] TORNAHGI. Ob. cit., p. 393.

discordar, já que um erro (imperfeições humanas) não pode levar a outro (processo como situação jurídica), o que será por nós devidamente esclarecido no Capítulo 4, desta pesquisa.

5 Teoria do processo como instituição jurídica

A teoria do processo como instituição jurídica foi criada por volta de 1940 pelo espanhol James Guasp, e abraçada por Couture, que definiu o processo como um complexo de atos, um método singular, regulado pelo direito para obtenção de um fim. Este fim, diga-se, era mal esclarecido e, como observa Rosemiro Pereira Leal, na época de Guasp, "o processo ainda se conduzia pelas mãos jurisdicionais dos juízes".[66]

A teoria criada por Guasp foi idealizada sob influência do socialismo que reinava na sua época. Aliás, foi por entender que tal concepção institucional do processo se apóia em pressupostos mais sociológicos que jurídicos, que Couture dela se afastou, retornando à escola do processo como relação jurídica.[67] Entretanto, quando abraçava tal teoria, chegou a afirmar que "podemos decir que el proceso es una institución: un complejo de atos, un método, un modo de acción, unitário, que ha sido reglado por el derecho para obtener un fim e acrescentou que a concepção institucional do processo se apóia numa série de pressupostos mais sociológicos que jurídicos".[68]

Ressalta-se que Couture, ao se afastar dessa teoria e regressar à teoria do processo como relação jurídica entre

---

[66] LEAL. Ob. cit., p. 91.

[67] A doutrina de Tornaghi também nos lembra a adesão de Couture e, após, o seu retorno à teoria de Bülow, veja: "O processualista espanhol Jaime Guasp vem, há muitos anos, sustentando que o processo é uma instituição jurídica. Foi, a princípio, acompanhado pelo notável jurista uruguaio Eduardo Couture que, no entanto, sempre considerou a teoria da instituição compatível com a relação jurídica, à qual aderia". Ob. cit., p. 397.

[68] LEAL. Ob. cit., p. 91. Podemos dizer que o processo é uma instituição; um complexo de atos, um método, um modo de ação, unitário, que foi criado pelo direito para obter um fim. Tradução livre.

pessoas, afirmou que aquela teoria tinha um fundo sociológico sem qualquer balizamento jurídico da idéia de uma instituição processual e até ressalvou que, "pelo menos até o dia em que a concepção institucional do direito projetasse suas idéias em planos mais rigorosos, não lhe era possível sustentar tal teoria que, como Renard, a via entre brumas que lhe provocavam vertigens inescapáveis".[69]

É verdade que uma das críticas mais acertadas que se pode fazer sobre a teoria desenvolvida por Guasp é ela ter sido fundamentada em bases eminentemente sociológicas, transportando tal ciência para a ciência processual.

> Guasp foi buscar, fora da ciência do Direito, a explicação para a natureza jurídica do processo. Adotou o conceito de instituição, criado e consolidado no âmbito das ciências sociais, mas, também, já transposto para o campo da ciência do direito privado, e, portanto, já adotado pelos civilistas.[70]

De se observar, portanto, que Guasp criou a sua teoria ancorada nas ciências sociais, baseada em fatos sociais. Quais seriam, então, estes fundamentos sociológicos que o inspiraram?

> Segundo Guasp, para conseguirmos explicar a "função (finalidade) do processo devemos partir de uma base sociológica insubstituível, qual seja, que o homem é um ser co-existente (um ser social), que atinge sua plenitude em contato com o semelhante (outro ser humano), mas que sofre com este mesmo contato, porque, por meio dele, comprova a própria limitação"; esta tensão é geradora de uma insatisfação, denominada insatisfação social (chega a afirmar que o homem é um animal insatisfeito). A exteriorização desta é a reclamação, a queixa (uma das atitudes sociais básicas do homem), que configura uma prestação social, a perambular no ambiente social exigindo uma resposta (uma consideração-resolução do problema social

---

[69] ASSIS, Jacy. *Couture e a teoria institucional do processo*. Uberlândia: Faculdade de Direito de Uberlândia, 1959. LEAL, Rosemiro Pereira. Ob. cit., p. 91.

[70] CARREIRA ALVIM. Ob. cit., p. 137.

gerador da insatisfação). O direito processual se encarrega de transformar esta reclamação (pretensão social) em pretensão jurídica, que seria a reclamação do cidadão frente ao órgão público. A pretensão jurídica seria o reflexo ou a substituição da pretensão social. Ángelis esclarece ainda que a função jurídica do processo consiste imediatamente na modificação de seu objeto, transformando a insatisfação em satisfação.[71]

Na verdade, o próprio Guasp entendia que a sua teoria continha uma base sociológica, de onde se retira o dado social ao qual o processo estará vinculado; e a jurídica, que ficaria incumbida de explicar qual o tratamento dispensado pelo direito material sociológico vinculador do processo. Destarte, Guasp entendia que sua teoria é sociológica-jurídica.[72]

Esta influência das ciências sociais na teoria de Guasp não poderia deixar mesmo de existir já que "ao acolher o processo como instituição, não poderia mesmo assentar essa teoria em outros pilares, senão os sociológicos que, entre os anos 30 e 40, com a propagação das idéias positivistas, faziam sucesso entre os intelectuais".[73]

Para Guasp, a "instituição é um conjunto de atividades relacionadas entre si pelo vínculo de uma idéia comum e objetiva, à qual aderem as diversas vontades particulares dos sujeitos dos quais procede aquela atividade, seja ou não a finalidade de cada qual a idéia comum".[74]

Portanto, para Guasp, existem dois elementos fundamentais em toda instituição: a idéia comum a todos os seus integrantes e a vontade ou interesse particular de cada um deles, desde que ligado à idéia comum. E conclui:

---

[71] CRUZ JÚNIOR; LEAL DA ROCHA; PIMENTA. A teoria processual de Jaime Guasp Delgado. In: LEAL (Coord.). *Estudos continuados de teoria do processo*, v. 6, p. 119-176.

[72] Idem, p. 124.

[73] LEAL. Ob. cit., p. 79.

[74] GUASP. *La pretensión procesal*, p. 39.

Assim entendido o processo é verdadeira instituição. A idéia comum e objetiva que nele se observa é a da satisfação de uma pretensão. As vontades particulares que atuam no processo unem-se todas a essa idéia comum; tanto o juiz, na sentença, quanto o autor em sua pretensão e o réu em sua defesa tratam de satisfazer à reclamação que gera o processo, conquanto cada qual entenda de maneira particularmente distinta o conteúdo concreto que, em caso por caso, deve integrar a satisfação que se busca. Por isso, os caracteres naturais do processo são os mesmos de toda instituição jurídica.[75]

Tornaghi ressalta que a adoção da teoria de Guasp não exclui, de modo algum, o entendimento de que o processo é uma relação jurídica e que Couture, que a princípio adotou a teoria da Instituição falando em Paris em 1949, afirmou: "Não creio que a definição do processo como instituição vá revolucionar a ciência do Direito nem que haja de substituir as outras concepções hoje dominantes, particularmente a do processo como relação jurídica, à qual dei e continuo dando minha adesão".[76]

6 Teoria do processo como procedimento realizado em contraditório

Conceituar processo não é tarefa das mais simples, em face das inúmeras acepções que a palavra comporta. Etimologicamente, processo vem do latim *processu* que, a grosso modo, é o ato ou efeito de andar para a frente. "Qualquer ato que signifique um retardamento é um *noncesso*, uma paralisia; tudo quanto obrigue a voltar atrás acarreta um *retrocesso* (exemplo, os vícios que forçam à repetição de atos já praticados); a balbúrdia, o movimento desordenado *(moto multo)* é o *tumulto*. Qualquer formalidade que possa levar a uma solução errada, quer por

---

[75] Idem, p. 86.
[76] TORNAGHI. Ob. cit., p. 401.

falta de garantia, quer pelo uso do formalismo como fim e não como meio, é o *contraprocesso* (num hibridismo mais enfático: é o *antiprocesso*)."[77]

Assim, o termo processo é muito rico em acepções. É empregado na linguagem comum, na linguagem científica, na linguagem filosófica e na linguagem jurídica (com maior ou menor rigor), com uma variedade tão grande de sentidos que, quando se pretende dar-lhe uma conotação específica, é conveniente determinar a acepção em que é utilizado.

Na linguagem corrente, fala-se indiferentemente em processo como etapa, como desenvolvimento, como método, como movimento, como transformação.[78] No Direito, a palavra está também impregnada desse simbolismo, mesmo quando tecnicamente empregada, embora seu uso indiferenciado, em diversificadas situações, a tenha tornado um dos termos mais equívocos do campo jurídico.

Procedimento, por seu turno, etimologicamente falando, é a ação ou efeito de proceder, maneira de agir, de fazer alguma coisa. A palavra procedimento, na linguagem comum, assume freqüentemente o mesmo sentido registrado por Abbagnano na primeira acepção do termo processo: "maneira de operar ou de agir".[79]

Foi Oskar Von Bülow, em 1868, que se debruçou sobre o discernimento da idéia de processo, passando a inseri-lo, ainda que obediente à velha dicotomia da dogmática jurídica, na órbita do Direito Público. Segundo seu entendimento, o processo seria uma relação jurídica *sui generis* que, em constante movimento e transformação, desenvolvia-se perante funcionários públicos,

---

[77] Idem, p. 313.
[78] GONÇALVES. Ob. cit., p. 59
[79] GONÇALVES. Ob. cit., p. 61

envolvendo, assim, tanto o Estado como os cidadãos, o que justifica aí a inserção do processo no âmbito do Direito Público.[80]

De Bülow até os tempos atuais, a doutrina vem reagindo à idéia de que o processo está inserido no procedimento e que este não passa de uma mera sucessão de atos em que os posteriores dependem dos anteriores, até o provimento final que é a sentença. Muito embora essa distinção mereça ressalvas, já que relega tanto o processo como o procedimento a um tecnicismo medieval, ela perdurou por muito tempo e até hoje não é difícil encontrar doutrinadores que insistem em enxergar o processo sob a ótica de Bülow, que deve ser atualizada, em face do caráter de garantia constitucional alçada pelo processo. Na verdade, Bülow via o processo como relação jurídica, pura e simplesmente, o que, como se verá ainda neste trabalho, trata-se de uma visão merecedora, como já dito, de atualização. "Apesar disso, não se pode negar a importância bülowiana para o avanço do estudo do processo, porque o autor apontou a necessidade da autonomização do Direito Processual."[81]

Entretanto, foi Elio Fazzalari que, em sua obra intitulada *Istituzioni di Diritto Processuale*, atendo-se ao discurso democrático instituído pelas constituições modernas, reelaborou o conceito de procedimento, que passa a ser visto como seqüência de atos preparatórios de um provimento estatal, seja ele legislativo, administrativo ou judicial, entendendo-se por provimento todo ato do Estado destinado a provocar efeitos na esfera dos direitos dos cidadãos. Como atos de poder, portanto, os provimentos devem ser válida e legitimamente produzidos, o que pressupõe sua preparação por meio de atividade disciplinada por estrutura normativa, "composta por uma seqüência de normas, de atos e de

---

[80] LEAL. *O contraditório e a fundamentação das decisões no direito processual democrático*, p. 81.

[81] Idem, p. 81.

posições subjetivas, que se desenvolvem em uma dinâmica bastante específica".[82] Todavia, para que se possa falar em legitimidade e validade, não basta ser o provimento final de um procedimento estruturado pela norma; essencial, ainda, que esse procedimento contenha o "dado legal do contraditório em sua estrutura jurídica espácio-temporal".[83] É exatamente a presença do atendimento ao direito ao contraditório entre as partes que definirá o processo. Logo, é o processo espécie do gênero procedimento, sendo certo que pode haver procedimento sem processo, jamais processo sem procedimento, de acordo com Fazzalari.[84]

Na busca pela distinção entre processo e procedimento, não se pode perder de vista a sempre bem recebida doutrina de Aroldo Plínio Gonçalves que, em nosso modesto entender, conciliando os já existentes estudos sobre a matéria, de maneira simples e objetiva, elucidou dúvidas e estancou incoerências ainda remanescentes na doutrina pátria sobre aquela distinção, quando afirmou que:

> No desenvolvimento do Direito Processual Civil como ciência autônoma, a doutrina, sob a influência de Bülow, reagiu contra a postura tradicional de séculos passados, que absorvia o processo no procedimento e considerava este como mera sucessão de atos que compunham o rito da aplicação judicial do direito. Em progressivos passos, buscou estabelecer a distinção entre processo e procedimento, e encontrou, em critérios teleológicos, a base da diferenciação.[85]

A linha doutrinária que separa o procedimento do processo firmou-se sobre o critério teleológico, pelo qual se atribui finalidades ao processo e se considera o procedimento delas destituído. Nela, o procedimento é puramente formal, algo que tanto pode

---

[82] GONÇALVES. Ob. cit., p. 102

[83] LEAL. Ob. cit., p. 92.

[84] FAZZALARI. *Istituzioni di Diritto Processuale*, 8. ed.

[85] GONÇALVES. Ob. cit., p. 102.

ser uma técnica, como os atos de uma técnica, como a ordenação de uma técnica, enfim, separa-se do processo como idéia impregnada de finalidades por ser estranho a qualquer teleologia.

Essa posição predomina na doutrina processual brasileira contemporânea, em que o procedimento comparece como técnica que disciplina, organiza ou ordena em sucessão lógica o processo, a técnica de ordenação e racionalização da atividade a ser desenvolvida, forma imposta ao fenômeno processual. A doutrina pátria aprofundou o conceito do procedimento como meio extrínseco de desenvolvimento do processo, meio pelo qual a lei estampa os atos e fórmulas da ordem legal do processo, até reduzi-lo à manifestação exterior do processo, sua realidade fenomenológica perceptível.

Em contraposição, ao processo é atribuída natureza teleológica; nele se caracteriza sua finalidade de exercício do poder como instrumento através do qual a jurisdição opera (instrumento para a positivação do poder).[86]

Sem margens para dúvidas, acerca da distinção entre processo e procedimento na doutrina do processo civil brasileiro, Aroldo Plínio Gonçalves afirma "que a doutrina processual moderna, em sua larga maioria, diluiu o procedimento no processo. O processo absorveu-o e anulou sua importância".[87]

Surgiram muitas e pertinentes críticas sobre a distinção e a conceituação mencionadas, principalmente no que se refere ao caráter instrumental do processo as quais redundaram no aparecimento da conceituação de Fazzalari de processo como procedimento em contraditório.

Uma das mais brilhantes vozes que se antepõe à visão de processo como relação jurídica e a de procedimento como mera forma é a de Cattoni de Oliveira, que na obra Direito Processual Constitucional, afirma que:

---

[86] GONÇALVES. Ob. cit., p. 63-65.
[87] Idem, p. 66.

A concepção de processo já apresentada neste trabalho não distingue o processo e o procedimento através de um critério teleológico, nem compreende o processo como relação jurídica ou procedimento como mera forma. Assume, da perspectiva reconstrutiva da teoria discursiva do Direito e da Democracia, de Jürgen Habermas, a tese de Elio Fazzalari, exposta e desenvolvida por Aroldo Plínio Gonçalves, segundo a qual o processo se diferencia do procedimento porque este último é um conceito mais amplo; procedimento é gênero do qual o processo é espécie. Para chegar a essa distinção, há que se partir tanto de um conceito renovado de procedimento quanto de processo, condizente não somente com o estágio atual da teoria Geral do Direito, quanto com o sistema normativo em que tais conceitos surgem.[88]

Segundo Aroldo Plínio Gonçalves, citado por Cattoni de Oliveira, "para Fazzalari o procedimento não é atividade que se esgota no cumprimento de um único ato, mas requer toda uma série de atos e uma série de normas que os disciplinam, em conexão entre elas, regendo a seqüência de seu desenvolvimento. Por isso se fala em procedimento como seqüência de normas, de atos e de posições subjetivas".[89]

O processo, então, partindo da reelaboração do seu conceito e da reelaboração do conceito de procedimento introduzida por Fazzalari, passa a ser compreendido sobre outro enfoque, mais amplo, de garantia mesmo e não de uma mera relação jurídica que traz subjacente à sua conceituação a idéia de subordinação e não de vinculação entre as partes nele envolvidas.

Segundo Rosemiro Pereira Leal, a partir daí, dessa nova conceituação, "o processo adquire contornos de uma espécie do gênero procedimento, que possui uma importante característica autorizativa de uma classificação destacada: o contraditório".[90]

Assim, se o procedimento, ou seja, a conexão normativa preparatória de um ato estatal, estrutura-se pelo contraditório,

---

[88] CATTONI OLIVEIRA. *Direito processual constitucional*, p. 192-193.

[89] Idem, Ob. cit., p. 108.

[90] LEAL. Ob. cit., p. 96.

tem-se o processo. Disso decorre que, em Fazzalari, pode haver procedimento sem processo, jamais processo sem procedimento.[91]

É de se observar que, em nosso direito processual, vige, até os dias de hoje, a doutrina de Bülow de que o processo é uma relação jurídica (subordinação) entre as partes, doutrina essa que foi encampada em nosso direito pela corrente instrumentalista do processo, da Escola Paulista, capitaneada por Dinamarco, Grinover e Cintra.

Um dos mais brilhantes críticos da Escola Instrumentalista do processo, logo da teoria do processo como relação jurídica, é Rosemiro Pereira Leal que afirma que muitos processualistas, entretanto, quase a totalidade, continuam insistindo em conceituar o processo como relação jurídica entre autor, réu e juiz, ainda fiéis às idéias de Bülow.[92]

Segundo o respeitado jurista, na visão dos instrumentalistas, o processo seria um meio, um método ou finalidade abstrata de se obter provimento, em nada se distinguindo do procedimento que, conforme os adeptos daquela teoria, "seria meio extrínseco pelo qual se instaura, desenvolve e termina o processo; é a manifestação extrínseca deste, a sua realidade fenomenológica perceptível".[93]

Ainda de acordo com o mesmo autor, o processo para tais processualistas seria "uma culinária, à milanesa, cuja fórmula é alquímica, inacessível às inteligências inferiores, envolvendo-se num mundo ritualístico do sagrado".[94]

E assim o é porque aqueles processualistas não conseguiram, até hoje, distinguir processo de procedimento, e, estando estancados no tempo e no espaço, não conseguem vislumbrar o processo

---

[91] Idem, p. 84.
[92] Idem, p. 99.
[93] Idem, p. 99.
[94] LEAL. Ob. cit., p. 99-100.

como garantia fundamental, como procedimento realizado em contraditório. Não estudam o processo pelos seus princípios institutivos (contraditório, ampla defesa e isonomia) e, sim, sob um objetivo que seria metafísico, voltado para escopos metajurídicos inconcebíveis em um Estado Democrático de Direito.

7 Teoria constitucionalista do processo

A teoria constitucionalista do processo, estudada entre nós por José Alfredo de Oliveira Baracho, foi lançada em 1980 através da obra *Processo Constitucional* quando ainda nem havia sido implantado no Brasil o atual modelo de Estado. Por isso, ou seja, pelo seu vanguardismo, não foi inicialmente compreendida, porque entendia o processo como uma instituição constitucionalizada, ou seja, o processo deveria ser estudado e viabilizado a partir da Constituição, o que veio contrariar a doutrina dominante no País, a da Escola Instrumentalista de São Paulo, vigorante até os dias de hoje. Entretanto, por meio de pesquisa, pôde-se observar que a aproximação entre processo e constituição ocorreu após a Segunda Guerra Mundial.[95]

Tal se deu diante da necessidade de evitarem-se as trágicas tiranias, realizando-se, assim, a constitucionalização de diversos institutos processuais, como se viu nas Constituições da França, da Itália, da Alemanha Federal e da Espanha. Todavia, apenas com Baracho,[96] no Brasil, e Hector Fix-Zamudio, no México, tiveram início os estudos sobre a relação Constituição e processo; sendo certo que, somente recentemente, Ítalo Andolina e Giuseppe Vignera[97] desenvolveram a teoria do modelo constitucional do processo. Segundo tais autores, os princípios processuais expressos

---

[95] Idem, p. 94.

[96] BARACHO. Ob. cit., p. 123.

[97] ANDOLINA; VIGNERA. *I fondamenti constituzionali della giustizia civile.*

na Constituição formam um modelo de processo que deve vincular a estruturação de todos os procedimentos da infraconstitucionalidade. A partir de então, de acordo com Rosemiro Pereira Leal, fica explícito

> [...] que o processo, em seus novos contornos teóricos na pós-modernidade, apresenta-se como necessária instituição constitucionalizada que, pela principiologia constitucional do devido processo que compreende os princípios da reserva legal, da ampla defesa, da isonomia e do contraditório, converte-se em direito-garantia impostergável e representativo de conquistas teóricas da humanidade no empreendimento secular contra a tirania, como referente constitucional lógico-jurídico de interferência expansiva e fecunda, na regência axial das estruturas procedimentais nos segmentos da administração, da legislação e da jurisdição.[98]

Com esta teoria, o Devido processo Legal ganha novo conceito, cuja compreensão deve ser demarcada pelo modelo de Estado que irá reger, no caso, o Democrático de Direito, explicitado no artigo 1º da Constituição da República Federativa do Brasil.

Muito embora a teoria fazzalariana tenha trazido enorme contribuição para o estudo do processo, a teoria constitucionalista representa um avanço em relação àquela, ao menos no tocante ao enfoque que se dá ao princípio do contraditório, porque este, e outros princípios, deixam de ser, pela teoria constitucionalista do processo, sua simples qualidade passando à condição de princípios constitucionais a serem observados na estruturação de todos os procedimentos preparatórios de atos imperativos do Estado.

Apesar do inegável avanço desta teoria, hoje, ela não pode mais ser concebida nos moldes em que foi proposta, já que ela ainda está presa ao modelo constitucional de processo (Andolina, Vignera) e, por isso, seus seguidores acreditam que os princípios institutivos do processo constitucional estão a

---

[98] LEAL. Ob. cit., p. 94.

serviço do processo para conduzi-lo até o ato final, a sentença,[99] "pelo *medium* lingüístico, estratégico de uma jurisprudência das altas cortes de justiça (Cortes Constitucionais), que decidem em juízos de conveniência, eqüidade, proporcionalidade e adequabilidade, à resolução dos litígios e não na redução dos conflitos estruturais".[100]

Ao revés, na teoria neo-institucionalista do processo "o devido processo constitucional" é instituto de problematização e estabilidade da deontologia positivista do discurso jurídico-político e não um *modelo constitucional de processo* garantista a partir da *base constituída* do direito a ser ainda acertado pela autoridade jurisdicional como se lê na Escola constitucionalista do processo,[101] conforme poderá ser constatado quando do estudo daquela teoria, no tópico seguinte.

8 Teoria neo-institucionalista do processo

O processualista mineiro Rosemiro Pereira Leal, dedicando-se à construção de uma teoria constitucional do direito democrático, propõe uma nova visão do processo, à qual denomina *teoria neo-institucionalista do processo*.

De início, importante ressaltar que o termo instituição, nesta teoria, não possui o sentido sociológico que lhe deu Guasp, mas tem apoio no quadro constitucional de garantias de direitos fundamentais. Instituição, nesta teoria, como esclarece seu autor, recebe a acepção

> [...] de conjunto de princípios e institutos jurídicos reunidos ou aproximados pelo Texto Constitucional com a denominação jurídica de processo, cuja característica é assegurar, pelos princípios do contraditório, ampla defesa, isonomia, direito

---

[99] LEAL. *Teoria geral do processo*: primeiros estudos, 6. ed., p. 104-105.
[100] LEAL. *Teoria geral do processo*: primeiros estudos, 6. ed., p. 105.
[101] Idem, p. 105.

ao advogado e livre acesso à jurisdição, o exercício dos direitos criados e expressos no ordenamento constitucional e infraconstitucional por via de procedimentos estabelecidos em modelos legais (devido processo legal) como instrumentalidade manejável pelos juridicamente legitimados.[102]

O processo, portanto, não é simples espécie de procedimento, é instituição constitucionalizada (conjunto de garantias fundamentais constantes da Constituição) regente das estruturas procedimentais preparatórias de provimentos estatais.

A teoria neo-institucionalista identifica-se com a teoria do modelo Constitucional do processo porque encontra apoio em um conjunto de princípios constitucionais (garantias fundamentais). Todavia, daquela teoria se afasta na medida em que coloca o processo como pressuposto de legitimidade "de toda criação, transformação, postulação e reconhecimento de direitos pelos provimentos legiferantes, judiciais e administrativos".[103]

Nos dizeres do autor:

> O que distingue a teoria neo-institucionalista do processo que estamos a desenvolver da teoria constitucionalista que entende o processo como modelo construído no arcabouço constitucional pelo diálogo de especialistas (numa Assembléia ou Congresso Constituinte representativo do povo estatal) é a proposta de uma teoria da constituição egressa de um espaço processualizado em que o povo total da Comunidade Política é, por direito-de-ação coextenso ao procedimento, à causalidade dos princípios e regras de criação, alteração e aplicação de direitos.[104]

A teoria neo-institucionalista compreende o processo, portanto, como elemento instrumentador, propulsor e possibilitador do Estado Democrático, uma vez que é a principiologia constitucional do processo (contraditório, ampla defesa e isonomia) que realiza o princípio da democracia ao garantir a

---

[102] LEAL. *Teoria geral do processo*: primeiros estudos, 4. ed., p. 95.

[103] Idem, p. 95.

[104] Idem, p. 95.

instauração do debate e a participação efetiva e direta do povo na tomada de decisões (provimentos jurisdicionais, administrativos e legiferantes). Daí afirmar Rosemiro Pereira Leal que:

> O processo, nessa concepção, não se estabelece pelas forças imaginosas naturais de uma Sociedade ou pelo poder de uma elite dirigente ou genialmente judicante, ou pelo diálogo de especialistas, mas se impõe por conexão teoria com a cidadania (soberania popular) constitucionalmente assegurada, que torna o princípio da reserva legal do processo, nas democracias ativas, o eixo fundamental da previsibilidade das decisões. A institucionalização constitucional do processo acarreta a impessoalização das decisões, porque estas, assim obtidas, esvaziam-se de opressividade potestativa (coatividade, coercibilidade) pela deslocação de seu imperium (impositividade) do poder cogente da atividade estatal para a conexão jurídicopolítica da vontade popular constitucionalizada.[105]

Assim, a teoria neo-institucionalista gera um avanço enorme no estudo do processo, também, porque se aproxima do falibilismo da teoria do conhecimento de Karl Popper[106] e, com este salto epistemológico, aproxima-se ao máximo da democracia aberta e participativa, uma vez que tal teoria só pode ser aplicada nas sociedades abertas.

É exatamente por se mostrar falível que o sistema carece de correção constante, não podendo, por isso, ou por causa disso, as decisões judiciais partirem, única e exclusivamente,

---

[105] LEAL. Ob. cit., p. 97.

[106] Por falibilismo entendo aqui a opinião, ou a aceitação do fato, de que podemos errar e de que a busca da certeza (ou mesmo a busca de alta probabilidade), é uma busca errônea. Mas isso não implica que a busca de verdade seja errônea. Ao contrário, a idéia de erro implica a da verdade como padrão que podemos não atingir. Implica que, embora possamos buscar a verdade e até mesmo encontrar a verdade (como creio que fazemos em muitíssimos casos), nunca podemos estar inteiramente certos de que a encontramos. [...] Mas o falibilismo não precisa, de modo algum, dar origem a quaisquer conclusões céticas ou relativas. Tornar-se-á isto claro se considerarmos que todos os exemplos históricos conhecidos de falibilidade humana — incluindo todos os exemplos conhecidos de erros judiciários — são exemplo de avanço de nosso conhecimento. POPPER. *Autobiografia intelectual*, p. 395-396.

das mentes privilegiadas dos seus decididores, uma vez que eles, como qualquer ser humano, estão sujeitos a erros e imperfeições, o que reforça a teoria aqui estudada e a teoria discursiva de Habermas de que as decisões judiciais, ou qualquer outro ato imperativo do Estado, devem ser construídos por meio de uma interpretação compartilhada do texto legal, dentro do espaço-tempo da processualidade onde ela e o texto legal poderão ser testificados constantemente pelos feitores e destinatários da norma, ou seja, o povo.[107]

É por isso que o autor da presente teoria é categórico em afirmar que:

> É essa qualidade da normatividade de se mostrar falível em seus conteúdos jurídicos que vai caracterizar e delimitar o direito democrático estatalizado (estabilizado) espacialmente numa órbita de discursividade reconstrutiva incessante pelo devido processo constitucional aberto a todos como referente lógico-jurídico regencial da procedimentalidade a legitimar as pretensões de validade do ordenamento jurídico.[108]

Segundo esta teoria, o processo deve ser entendido e efetivado como instituição constitucionalizada concomitantemente com outras instituições, como é o caso do próprio Estado. Assim é que:

> Na pós-modernidade, o conceito de processo, como instituição, não se infere pelas lições de Maurice Harriou ou dos administrativistas franceces do século XIX ou posições sociológicas de Guasp e

---

[107] Jorge Miranda, no seu *Manual de direito constitucional*, t. 3, p. 47, 49 e 57 "ensina que povo, na dinâmica estatal, deve ser qualificado como o substrato humano do Estado, isto significando: 1) que povo é a razão de ser do Estado, que o modela em concreto; 2) que o Estado é resultante da obra de uma coletividade, que há de se tornar o povo; 3) que o poder político se define primordialmente como poder em relação a um povo; 4) que, historicamente, o poder emerge sempre do povo; 5) que o poder político, nos sistemas democráticos, é sempre exercido, direta ou indiretamente, em nome do povo, por isto mesmo conformado pelo modo de ser, de agir e de obedecer do povo e das pessoas que compõem; 6) que o território do Estado corresponde à área de fixação do povo. DIAS. Ob. cit., p. 102.

[108] LEAL. *Teoria processual da decisão jurídica*, p. 181.

Morel, mas pelo grau de autonomia jurídica como se desponta no discurso de nosso texto constitucional, como conquista histórica da cidadania juridicamente fundamentalizada em princípios e institutos de inerência universalizante e ampliativa em réplica ao colonialismo dos padrões repressores de "centração psicológica e política" dos chamados Estados hegemônicos.[109]

A teoria em comento "aproxima-se mais da idéia de processo como modelo, como feito por Andolina e Vignera, mas ultrapassa-a na medida em que já conecta o processo à própria legitimidade das decisões judiciais no Estado Democrático".[110] Legitimidade essa que, de acordo com esta teoria, jamais será alcançada através dos julgamentos com base em escopos metajurídicos, *in dubio contra acotrem, in dubio contra reum e in dubio pro reo* e, muito menos, atendendo aos princípios transcendentais da boa-fé, dos bons costumes, do livre convencimento do juiz entre tantos outros conceitos abertos que só leva a uma decisão arbitrária.

Com muito mais razão, por esta teoria, jamais poderá ser admitida a existência de súmulas vinculantes, ainda que passíveis de revisão, eis que elas impedem a fiscalidade constante dos textos legais e das decisões judiciais, e afrontam os princípios do contraditório, da ampla defesa e da isonomia e, via de conseqüência, farão do processo um palco de diversidades sem debates, próprios dos Estados autoritários e das sociedades fechadas. O processo, por esta teoria, "se impõe por conexão teórica com a cidadania (soberania popular) constitucionalmente assegurada, que torna o princípio da reserva legal do processo, nas democracias ativas, o eixo fundamental da previsibilidade das decisões".[111]

---

[109] LEAL. *Teoria geral do processo: primeiros estudos*, 4. ed., p. 49.

[110] LEAL. *O contraditório e a fundamentação das decisões no direito processual democrático*, p. 89.

[111] LEAL, Rosemiro Pereira. Ob. cit., p. 97.

Em outras palavras, o processo, nesta teoria, não significa, apenas, procedimento em contraditório como formulou Fazzalari, mas, sobretudo, instituição regencial através do Devido processo Constitucional, o que permite a participação popular da total sociedade política, nas regras de criação, alteração e aplicação do direito, por meio do Devido processo Legislativo (criação do direito) e pelo Devido processo Legal (na aplicação do direito).[112]

Por esta teoria, é nítida a distinção entre isonomia substancial (material) e isonomia processual. Em direito processual, a isonomia equipara-se à igualdade entre as partes. Já a isonomia substancial ou material, na visão aristotélica, se dá quando os iguais são tratados igualmente e os diferentes, desigualmente, com o objetivo de se alcançar igualdade econômica, o que se afigura uma tautologia

> porque, na estruturação do procedimento, o dizer e contradizer, em regime de liberdade assegurada em lei, não se operam pela distinção jurisdicional do economicamente igual ou desigual. O direito ao processo não tem conteúdos de criação de direitos diferenciados pela disparidade econômica das partes, mas é direito assegurador de *igualdade* de realização construtiva do procedimento. Por isso, é oportuno distinguir *isonomia e simétrica paridade,* porque essa significa a condição já constitucionalmente assegurada dos direitos fundamentais dos legitimados ao processo quanto à vida digna, liberdade e igualdade (direitos líquidos e certos) no plano constituinte do Estado Democrático de Direito.[113]
>
> O processo, na teoria do direito democrático, é o ponto discursivo da igualdade dos diferentes.[114]

Com esta teoria, Rosemiro Pereira Leal muda a visão até então predominante não só do *processo* como da própria *jurisdição,* já que no Estado Democrático de Direito, aqueles institutos devem relacionar-se de maneira antagônica ao Estado Social. Observe:

---

[112] Idem, p. 97.

[113] LEAL. *Teoria geral do processo: primeiros estudos,* 6. ed., p. 111.

[114] LEAL. *Teoria processual da decisão jurídica,* p. 75.

DA NATUREZA JURÍDICA DO PROCESSO À DECISÃO JUDICIAL DEMOCRATIZADA | 97

...a jurisdição, face ao estágio da Ciência Processual e do Direito Processual, não tem qualquer valia sem o *processo*, hoje considerado no plano do direito processual positivo, como complexo normativo constitucionalizado e garantidor dos direitos fundamentais da ampla defesa, contraditório e isonomia das partes e como mecanismo legal de controle da atividade do órgão-jurisdicional (juiz) que não mais está autorizado a utilizar o *processo* como método, meio, ou mera exteriorização instrumental do exercício da jurisdição.[115]

Destarte, a teoria neo-institucionalista visualiza o processo com os seus princípios institutivos, contraditório, ampla defesa, isonomia e presença do advogado, não como garantidores de uma jurisdição de conveniência, mas como asseguradores do discurso jurídico, uma vez que a legitimação das decisões judiciais, no Estado Democrático de Direito, passa pela incessante fiscalização dos seus destinatários, o povo, fiscalidade essa que só se efetiva com a irrestrita observância daqueles princípios, em face da falibilidade do juiz, ser humano que é.

Assim, salvo engano, percebe-se a influência que o pensamento de Popper exerceu sobre Rosemiro Pereira Leal quando este formulou a teoria neo-institucionalista do processo, já que Popper afirmou que:

[...] continuei socialista por vários anos, mesmo após rejeitar o marxismo. E se existisse um socialismo capaz de combinar-se com a liberdade individual, eu seria ainda hoje socialista. De fato, nada poderia ser mais aprazível do que viver uma vida modesta, simples e livre, numa sociedade igualitária. Foi necessário algum tempo para que eu percebesse que isso não passava de um sonho: que a liberdade é mais importante que a igualdade e que a tentativa de chegar à igualdade põe em perigo a liberdade e que, perdida esta, aquela não chega a implantar-se entre os não-livres.[116]

---

[115] LEAL. *Teoria geral do processo*: primeiros estudos, 4. ed. p. 42.

[116] Autobiografia intelectual. Tradução de Leônidas Hegenberg e Octanny Silveira da Mota. São Paulo: Cultrix, 1997. p. 42-43.

Em conclusão: o que a teoria neo-institucionalista busca é a liberdade em sua forma mais ampla, através da construção de uma "Sociedade Democrática pelo povo legitimado ao processo (comunidade jurídica de cidadãos) em todos os níveis de produção, atuação, aplicação e extinção de direitos no marco teórico-institucional do Devido processo Constitucionalizado (Direito Constitucional Processual)".[117]

Por esta teoria, "o processo devido" (direito-a-advir) é institucionalizante do sistema jurídico por uma principiologia autodiscursiva (contraditório, isonomia, ampla defesa) fundante de uma procedimentalidade a ser adotada como hermenêutica de legitimação auto-includente dos destinatários normativos nos direitos líquidos, certos e exigíveis já assegurados no discurso constituinte da constitucionalidade.[118]

---

[117] LEAL. *Teoria geral do processo*: primeiros estudos, 6. ed., p. 105.
[118] Idem, p. 104.

Capítulo 3

Princípios institutivos do processo constitucional

Sumário: 1 Princípio do contraditório - **2** Princípio da ampla defesa - **2.1** Duplo grau de jurisdição como corolário lógico da ampla defesa - **3** Princípio da isonomia

Já se ressalvou no presente trabalho, que a teoria sobre o processo que vigora no Brasil é a da Escola Paulista de processo — instrumentalista — baseada na doutrina de Bülow que conceituou o processo como relação jurídica entre pessoas (caráter de subordinação entre juiz, autor e réu) encampada por Enrico Tullio Liebman que a trouxe para o Brasil, fugindo da guerra na Europa, e que foi amplamente aceita por Alfredo Buzaid, quando da elaboração do Código de processo Civil em vigor no Brasil, com as alterações que lhe sucederam.

É bom lembrar que, por tal escola, não há diferença entre processo e procedimento, e os adeptos dessa teoria (Dinamarco, Grinover e Cintra, entre outros) "falam em princípios gerais do direito processual, numa mistura em que se agrupam num amontoado de conceitos, as características do processo, do procedimento e da jurisdição".[1]

---

[1] LEAL. *Teoria geral do processo*: primeiros estudos, 4. ed., p. 102.

Como foi visto ao se estudarem as teorias do processo constitucionalizado e a teoria neo-institucionalista do processo, que este ganhou, em todo o mundo civilizado e, por isto, democrático, contornos de garantia fundamental alcançando, por sua vez, o direito ao contraditório, o direito à ampla defesa e o direito à isonomia *status*, também, de garantia fundamental, já que são pressupostos do processo Constitucionalizado.

Daí por que, poder-se-ia dizer que:

> [...] como elementos jurídico-existenciais do PROCESSO, em sua base institutiva, o contraditório, a isonomia e a ampla defesa são princípios (referentes lógico-jurídicos), sem os quais não se definiria o PROCESSO em parâmetros modernos de direito-garantia constitucionalizada ao exercício de direitos fundamentais pela procedimentalidade instrumental das leis processuais. Como princípios jurídico-institutivos do PROCESSO, o contraditório, a isonomia e a ampla defesa, merecem estudo particularizado.[2]

1 Princípio do contraditório

O princípio do contraditório, desde o direito comum, era considerado um símbolo dos direitos naturais; era baseado, desde aquele tempo, em um "princípio de razão natural, sendo, por isso, inerente ao processo".[3]

Com o passar do tempo, principalmente durante a vigência de Estados totalitários na Europa, o contraditório foi perdendo a sua força para o juiz que passou a ter amplos poderes na condução do processo e na elaboração do provimento.

Essa fase de desprestígio do contraditório só começou a ser superada no pós-guerra para que a sua releitura pudesse vir a privilegiar a oralidade permitindo uma melhora da relação juiz/partes objetivando a garantia de um efetivo diálogo dos sujeitos processuais em todo o desenrolar do procedimento.

---

[2] LEAL. *Teoria geral do processo*: primeiros estudos, 4. ed., p. 103.
[3] NUNES. O princípio do contraditório. *Boletim Técnico da ESA/MG*, p. 41.

Apesar dos avanços obtidos, e de a legislação a respeito ter acompanhado tal evolução, inclusive a do Brasil, "o princípio do contraditório é entendido tão-somente como um direito de bilateralidade da audiência, possibilitando às partes a devida informação e possibilidade de reação".[4]

O contraditório, como princípio lógico-jurídico de exercício de direitos e garantias fundamentais do homem, está assegurado no artigo 5º, inciso LV, da Constituição Federal. Determina ele que "aos litigantes, em processo judicial ou administrativo, e aos acusados em geral são assegurados o contraditório e ampla defesa, como os meios e recursos a eles inerentes".

Observa-se, portanto, que o princípio do contraditório é previsão constitucional, garantia fundamental de qualquer cidadão, inserido que está na estrutura do devido processo legal. De observar, antemão, que se trata de uma garantia e não de um ônus. O contraditório é a oportunidade de participação paritária, e não de participação co-ativa. Sendo assim, o juiz não pode deixar de disponibilizar tal direito ao demandante para que ele, querendo, faça uso dele. Prova de que é garantia, e não ônus, o seu exercício é o fato de que quando o réu é citado para impedir que sejam julgados procedentes os pedidos do autor, o mandado judicial é expresso em adverti-lo que tal só se dará caso ele queira fazê-lo, no prazo legal, justamente por ser uma faculdade o comparecimento em juízo e não uma obrigação. O contraditório torna-se obrigatório apenas nas ações que versarem sobre direitos indisponíveis.[5] No entanto, nas ações que versarem

---

[4] Idem, p. 42.

[5] Trata-se dos chamados direitos da personalidade (vida, incolumidade física, liberdade, honra, propriedade intelectual, intimidade, estado, etc.) Quando a causa versar sobre interesses dessa ordem, diz-se que as partes não têm disponibilidade de seus próprios interesses (matéria penal, direito de família, etc.). Mas, além dessas hipóteses de indisponibilidade objetiva, encontramos aqueles casos em que é uma especial condição da pessoa que impede a disposição de seus direitos e interesses (indisponibilidade subjetiva); é o que se dá com os incapazes e com as pessoas jurídicas de direito público. [...] As pretensões necessariamente sujeitas a exame judicial para que possam ser

sobre direitos disponíveis, o não comparecimento redundará em ônus processual.

Carreira Alvim destaca que, através do contraditório, deve ser assegurada a defesa, não podendo ninguém ser condenado sem ela. O mesmo autor adverte, entretanto, que o contraditório é garantia de todas as partes e sempre que a uma delas for dada a oportunidade de manifestar-se no procedimento, idêntico direito deve ser concedido à outra, sob pena de ferimento daquele princípio.[6]

Não é suficiente que seja garantida a *realização da igualdade formal das partes*; é necessário que a todos os litigantes sejam resguardadas as condições de participarem ativamente de todas as fases e atos do procedimento, até o provimento final, porque são eles, juntamente com o juiz, que irão elaborar o provimento jurisdicional, uma vez que serão os destinatários dos *efeitos da sentença*.[7]

Sendo assim, pode-se dizer que o contraditório é uma moeda de duas faces: de um lado, o autor que, investido no seu direito subjetivo de acionar o Estado para as garantias do seu direito, requer um pronunciamento favorável às suas pretensões. Do outro lado da moeda está o réu que, pelo mesmo direito ao princípio do contraditório, irá, por meio dos seus argumentos e das provas carreadas aos autos, interferir no convencimento do juiz para impedir a pretensão do autor.

Pelo pouco que até agora já se falou sobre o princípio do contraditório neste trabalho, já se pode concluir que o juiz não é um contraditor. A sua função é a de conduzir o procedimento, garantir o contraditório entre as partes e prolatar a decisão, uma

---

satisfeitas são aquelas que se referem a direitos e interesses regidos por normas de extrema indisponibilidade, como as penais e aquelas não-penais trazidas como exemplo (especialmente direito de família). GRINOVER, Ada Pellegrini. O conteúdo da garantia do contraditório, p. 30.

[6] CARREIRA ALVIM. *Elementos de teoria geral do processo*, p. 180.

[7] GONÇALVES. Ob. cit., p. 108.

vez que ele não é parte interessada no provimento. Entre ele e as partes não há interesse em disputa. O contraditório se passa entre as partes porque é entre elas que há interesses em direções antagônicas.[8] Sem embargo, deve o juiz participar atentamente do processo, já que sendo o contraditório um princípio jurídico é obrigatória a submissão do juiz a ele, e que ele "adote as providências necessárias para garanti-lo, determine as medidas necessárias para assegurá-lo, para fazê-lo observar, para observá-lo, ele mesmo".[9]

Entretanto, e ao contrário do que muitos pensam, o contraditório evoluiu e hoje ele não pode ser visto como a mera garantia de dizer e contradizer. A efetivação do contraditório depende da simétrica paridade nas oportunidades de participação das partes na construção do provimento jurisdicional. Em outras palavras: o provimento jurisdicional é um trabalho de várias mãos e mentes: juiz, autor, réu e intervenientes, quando for o caso, já que ele é elemento essencial na busca da "resposta correta" ou da "norma ideal". Ele é parte integrante de uma racionalidade procedimental que renega uma atuação solipsista da teoria da decisão.[10]

Assim é que:

> O princípio do contraditório, além de fundamentalmente constituir-se em manifestação do princípio do estado de direito, tem íntima ligação com o da igualdade das partes e o do direito de ação, pois o texto constitucional, ao garantir aos litigantes o contraditório e a ampla defesa, quer significar que tanto o direito de ação quanto o direito de defesa são manifestações do princípio do contraditório.[11]

Dessarte, o contraditório não se exaure na contestação, estendendo-se, via de conseqüência, a outros atos processuais. Sendo assim, não se pode, sob o sempre alegado argumento de que

---

[8] Idem, p. 121.

[9] ARAÚJO. *O novo processo constitucional*, p. 119. Citando Aroldo Plínio Gonçalves.

[10] SOUZA CRUZ. Ob. cit., p. 246.

[11] NERY JÚNIOR. *Princípios do processo civil na Constituição Federal*, 6. ed., p. 130.

o procedimento já está *maduro* para receber a decisão, negar a uma parte a tomada de uma providência se esta se mostrar necessária para interferir no convencimento do julgador, em seu favor.

Como foi dito inicialmente, a idéia do contraditório não é recente. Rudolf Von Jhering deixou páginas memoráveis sobre a administração da justiça, na qual a primeira exigência era a da "justiça do processo". Para ela, para essa justiça interna e intrínseca, a organização do processo deveria estar voltada, pois, no processo, era ela a primeira e também a única exigência essencial, perante a qual todas as demais, no processo, seriam secundárias. Essa justiça no processo é bem explicitada por Jhering quando fala das relações das partes no processo, que, com o juiz, terceiro e não parte, era, segundo entendia, de subordinação jurídica. Mas a relação entre as partes deveria ser caracterizada pela igualdade jurídica: "devem combater-se com armas iguais e devem-lhes ser distribuídas com igualdade a sombra e a luz".[12]

Esse contraditório, amplamente entendido, há de ser pleno e efetivo, indicando a real participação das partes (e intervenientes, se for a hipótese) no espaço processual. A quem age e a quem reage em juízo devem ser asseguradas as mesmas possibilidades de se obter a tutela jurisdicional em paridade de igualdade e de condições.

Rosemiro Pereira Leal, citando Aroldo Plínio Gonçalves, sobre a amplitude do contraditório ensina que:

> O contraditório não é o dizer e o contradizer sobre matéria controvertida, não é a discussão que se trava no processo sobre a relação de direito material, não é a polêmica que se desenvolve em torno dos interesses divergentes sobre o conteúdo do ato final. Essa será sua matéria, o seu conteúdo possível.

---

[12] GONÇALVES. Ob. cit., p. 119.

O contraditório é a igualdade de oportunidade no processo, é a igual oportunidade de igual tratamento, que se funda na liberdade de todos perante a lei.

É essa igualdade de oportunidade que compõe a essência do contraditório enquanto garantia de simétrica paridade de participação no processo.[13]

O princípio do contraditório, portanto, não se resume apenas a uma garantia de acesso ao debate jurídico inerente às partes litigantes — autor, réu, intervenientes e Ministério Público — e tampouco é mera garantia de acesso ao processo para dizer ou contradizer, ou para, simplesmente, ter o direito de produzir esta ou aquela prova. Não. Como princípio do contraditório deve-se entender, também, a garantia de participação, em simétrica paridade, das partes, daqueles a quem se destinam os efeitos da sentença, daqueles que são os interessados, ou seja, daqueles sujeitos do processo que suportarão os efeitos do provimento e da medida jurisdicional que ele vier a impor.

Nessa perspectiva, o princípio do contraditório manifesta uma série de implicações as quais assumem particular relevo na aquisição e na valoração da prova em vista da decisão sobre o fato.[14]

O contraditório, assim, atua como garantia da parte de que tudo aquilo que ela provou ou alegou deverá ser levado em consideração pelo juiz, no momento do provimento jurisdicional.

---

[13] LEAL. Ob. cit., p. 85.

[14] Cattoni de Oliveira, escrevendo sobre a característica dialética do processo afirma que "o Direito realiza sua pretensão de legitimidade e de certeza da decisão através, por um lado, da reconstrução argumentativa no processo da situação de aplicação, e, por outro, da determinação argumentativa de qual, dentre as normas jurídicas válidas, é a que deve ser aplicada em razão de sua adequação, ao caso concreto". E conclui o novel jurista: "Além disso, a argumentação jurídica através da qual se dá a reconstrução do caso concreto e a determinação da norma jurídica adequada estão submetidas á garantia processual da participação em contraditório dos destinatários do provimento jurisdicional, razão pela qual, o contraditório é uma das garantias centrais dos discursos de aplicação jurídica institucional e é condição de aceitabilidade racional do processo constitucional." Ob. cit. p. 160.

Vale dizer, o juiz não poderá desprezar aquilo que foi levado e alegado pelas partes nos autos, através do contraditório (alegações, contra-alegações, provas), e aplicar o direito através do seu livre convencimento, mas, conforme já dito, deverá se fazer valer de uma persuasão racional que implica, necessária e obrigatoriamente, sobejar os elementos constantes dos autos levando-os em consideração e decidir, sempre, de maneira fundamentada.

De nada adiantaria assegurar às partes o direito à prova, se o juiz pudesse deixar de apreciá-la e valorá-la, no momento do julgamento. Donde se conclui que todas as provas e alegações das partes devem ser objeto de acurada análise e avaliação por parte do magistrado, sob pena de contrariedade ao princípio do contraditório e, porque não dizer, da nulidade do próprio ato sentencial.

Sobre a necessidade de o juiz ter que levar em consideração as alegações e as provas trazidas aos autos pelas partes neles envolvidas, colhemos a lapidar doutrina que afirma:

> Numa sociedade lingüisticamente estruturada, plural e sem a possibilidade de fundamentos absolutos, a única certeza pela qual podemos lutar é a de que os melhores argumentos, em uma situação de participação em simétrica paridade entre as partes que serão afetadas pelo provimento jurisdicional, sejam levados corretamente em consideração, ao longo do processo jurisdicional e no momento da decisão, por um juiz que demonstre a sua imparcialidade.
>
> Assim, como se trata de um processo argumentativo, a construção da decisão jurisdicional, que importa na determinação da norma adequada a um do caso, assegurada num nível institucional, depende do entrelaçamento de argumentos e de perspectivas de interpretação acerca do caso concreto que não pode, por um lado, deixar de considerar os pontos de vista dos diretamente implicados, nem, por outro, se deixar reduzir à sua mera consideração.[15]

---

[15] CATTONI DE OLIVEIRA. *Teoria discursiva da argumentação jurídica e tutela jurisdicional dos direitos fundamentais.* Texto inédito.

Sendo assim, o provimento jurisdicional deixou de ser, no Estado Democrático de Direito, um ato isolado do magistrado, um ato discricionário da sua parte levando-se em consideração, tão-somente, aquilo que ele vislumbrou dos autos, posições essas, não raras, calcadas em escopos metajurídicos e em posições pessoais ou discriminatórias. Ao revés, no paradigma do Estado Democrático de Direito, que visualizamos como princípio, "a função jurisdicional somente se concretiza dentro da moderna e inafastável estrutura constitucionalizada do processo e a declaração final do Estado decorrente do poder de cumprir e o dever de prestá-la, quando e se provocado por qualquer um do povo ou mesmo por qualquer órgão estatal, e inserida na decisão, sentença ou provimento ali prolatados, jamais será um ato isolado ou onipotente do órgão jurisdicional, ditando ou criando direitos a seu talente, máxime se fundados na fórmula ilógica, inconstitucional e antidemocrática do 'livre (ou prudente) arbítrio' do juiz, mas resultado lógico de uma atividade jurídica realizada com a obrigatória participação em contraditório daqueles interessados que suportarão seus efeitos".[16]

Dessarte, a estrutura procedimental do processo no Estado Democrático de Direito só se desenvolve validamente se observados os princípios institutivos do processo. É através do pleno exercício do contraditório, da ampla defesa e da isonomia que os sujeitos do processo podem contribuir para a construção do provimento jurisdicional no Estado Democrático de Direito, provimento este que, como já foi visto, não é obra isolada do juiz, e sim, decisão compartilhada entre as partes por meio do efetivo exercício dos princípios elencados.

Em suma:

> O contraditório constitui uma verdadeira garantia de não-surpresa que impõe ao juiz o dever de provocar o debate acerca de todas as questões, inclusive as de conhecimento oficioso,

---

[16] DIAS. Ob. cit., p. 87-88.

impedindo que em solitária onipotência aplique normas ou embase a decisão sobre fatos completamente estranhos à dialética defensiva de uma ou ambas as partes.[17]

Em legislação moderna, francesa e alemã, por exemplo, é defeso ao juiz fundamentar a sua decisão sobre aspectos jurídicos que ele tenha levantado de ofício sem o ter, antes, submetido às partes para as suas providências, para evitar o efeito surpresa, acima referido. Assim, impõe-se, também no Brasil, uma releitura do contraditório como garantia de influência no desenvolvimento e resultado do processo.[18]

Assim sendo, o contraditório explicita-se na efetiva oportunidade de manifestação da parte no procedimento. O conteúdo do contraditório é efetiva oportunidade de participação em iguais condições, em paridade de "armas". Entretanto, numa visão mais moderna e democrática do processo, este não pode mais ser visto como se fosse, apenas, o procedimento realizado em contraditório, como conceituou Fazzalari, uma vez que o contraditório há de ser princípio regente (direito-garantia constitucionalizado) do procedimento e não atributo consentido por leis ordinárias processuais, codificadas ou não.[19]

2 Princípio da ampla defesa

O princípio da ampla defesa deve ser entendido como uma co-extensão aos do contraditório e da isonomia. Isso porque a amplitude da defesa se faz nos limites temporais do procedimento em contraditório.[20]

Como ampla defesa não se pode entender infinitude de produção de defesa, isso porque a defesa deve ser ampla, mas

---

[17] NUNES. Ob. cit., p. 51.
[18] Idem, p. 44-45.
[19] LEAL. Ob. cit., p. 89.
[20] LEAL. *Teoria geral do processo*: primeiros estudos, 5. ed., p. 104.

dentro dos limites da necessidade, viabilidade e, evidentemente, dentro do tempo legal exigido para a sua produção. Assim, não se pode confundir ampla defesa com dilação probatória indevida, sob pena de responsabilização das partes ou do Estado-Juiz.

O que não pode haver é o encurtamento da defesa em busca da tão sonhada celeridade processual, uma vez que ela "deve ser ampla, porque não pode ser estreitada (comprimida) pela sumarização do tempo a tal ponto de excluir a liberdade de reflexão cômoda dos aspectos fundamentais de sua produção eficiente".[21] Dessarte, não é encurtando ou, em alguns casos, eliminando o tempo para que se possa produzir uma defesa ampla que se chegará a um processo célere. O tempo de duração de um processo em nada será afetado se uma defesa oral puder ser produzida em quinze minutos. Ao revés, a defesa será altamente prejudicada se esse tempo for reduzido à sua metade.

Assim, afigura-se completamente inconstitucional os regimentos internos dos nossos tribunais quando eles autorizam a sustentação oral do advogado pelo *tempo* de sete minutos, no recurso de agravo. Não pode ser ampla, muito menos cômoda, a defesa se o tempo para exercê-la é diminuto. Inconstitucional, ainda, se afigura a Lei nº 9.099/95, que dispõe sobre os Juizados Especiais Civis e Criminais, quando ela faculta a participação do advogado em determinadas espécies de ação, quando deveria ser obrigatória a sua presença,[22] porque a ampla defesa só se efetiva com a participação dos advogados das partes na estruturação e elaboração do provimento jurisdicional. Demais disso, "a lei dos Juizados Especiais é pródiga não em eliminar formalidades, sim em descartar garantias das partes em benefício do arbítrio do

---

[21] Idem, p. 104.

[22] Constituição Federal. Art. 133. O Advogado é indispensável à administração da justiça, sendo inviolável por seus atos e manifestações no exercício da profissão, nos limites da lei.

magistrado, dando prioridade às urgências do Poder Judiciário, pressionado pela sobrecarga de trabalho que sua defeituosa institucionalização constitucional determina".[23]

A busca pela efetividade processual é tão obcecada em determinados juristas que eles chegam a afirmar, até mesmo, que o autor, pelo simples fato de ter instaurado o procedimento, tem sempre razão, e que ele, autor, é sempre prejudicado com a demora processual e que não se deve preocupar com o direito de defesa e sendo assim, nestes termos, o princípio da igualdade pode ser [...] *uma abstração irritante*.[24]

Evidentemente que uma afirmação desta não pode ser levada a sério, principalmente quando sabemos que estamos vivendo, pelo menos em tese, em um Estado Democrático de Direito. Proibir a defesa ou, como querem, encurtá-la, é mecanismo próprio de Estados autoritários onde prevalece o procedimento inquisitório. Na verdade, tais estudiosos não conseguem enxergar o processo como garantia fundamental do povo. Ao revés, pensam que ele está a serviço (instrumento) da jurisdição e que, portanto, deve ser visto e praticado como um determinado fim para se alcançar determinado resultado (efetivo).

Acreditam, via de conseqüência, que:

> [...] todo instrumento, como tal, é meio; e todo meio só é tal e se legitima, em função dos fins a que se destina. O raciocínio teleológico há de incluir então, necessariamente, a fixação dos escopos do processo, ou seja, dos propósitos norteadores da sua instituição e das condutas dos agentes estatais que o utilizam. Assim, é que se poderá conferir um conteúdo substancial a essa usual assertiva da doutrina, mediante a investigação do escopo, ou escopos em razão dos quais toda ordem jurídica inclui um sistema processual. Fixar os escopos do processo equivale, ainda,

---

[23] CALMON DE PASSOS. *A crise de poder judiciário e as reformas instrumentais*: avanços e retrocessos, p. 12.

[24] MARINONI. *Novas linhas do processo civil*, p. 69.

a revelar o grau de sua utilidade. Trata-se de instituição humana, imposta pelo Estado, e sua legitimidade há de estar apoiada não só na capacidade de realizar objetivos, mas igualmente no modo como estes são recebidos e sentidos pela sociedade.[25]

A busca por essa efetividade, em um Estado Democrático de Direito, não induz ou abrange a eliminação ou a redução das atividades processuais em flagrante violação à garantia fundamental da ampla defesa que, como já se afirmou, deve ser cômoda.

Preocupado com as constantes reformas processuais que visam, unicamente, à busca incessante pela tal efetividade e instrumentalidade processual, Calmon de Passos nos dá a lapidar lição que, pelo seu brilhantismo e alto grau de acerto, merece ser reproduzida na íntegra:

> Porque exacerbaram a litigiosidade e favoreceram o arbítrio. Essas duas coisas estimulam os inescrupulosos a postular e decidir sem ética e sem técnica, transformando aos poucos o espaço forense no terreno ideal para a prática do estelionato descriminalizado, a par de incentivarem os ignorantes a ousarem cada vez mais, os arbitrários a opinarem cada vez mais, os vaidosos a cada vez mais se exibirem e os fracos a cada vem mais se submeterem. O que pode ter sido pensado com boas intenções, na prática, justamente pela viscosidade da decantada instrumentalidade, transforma-se em arma na mão de sicários, ou, para usar a expressão de um ilustre advogado paulista — faz do direito e do processo, nos dias presentes, a pura e simples arte, ou artimanha, de se colocar o punhal, com precedência, na jugular do adversário. E ele completava entre infeliz e irônico: Legalidade, dogmática, teoria jurídica, ciência do direito, tudo isso é pura perda de tempo e elocubração para o nada. Distorção não menos grave, outrossim, foi a de se ter colocado como objetivo a alcançar com as reformas preconizadas apenas uma solução, fosse qual fosse, para o problema do sufoco em que vive o Poder Judiciário, dado o inadequado, antidemocrático e burocrático modelo de sua institucionalização constitucional. A pergunta que cumpria fosse feita — quais as causas reais dessa crise — jamais foi formulada.

---

[25] DINAMARCO. *A instrumentabilidade do processo*, p. 149.

Apenas se indagava — o que fazer para nos libertarmos da pletora de feitos e de recursos que nos sufoca? E a resposta foi dada pela palavra mágica instrumentalidade, a que se casaram outras palavras mágicas – celeridade, efetividade, desformalização, etc. E assim, de palavra mágica em palavra mágica, ingressamos num processo de produção do direito que corre o risco de se tornar pura prestidigitação. Não nos esqueçamos, entretanto, que todo espetáculo de mágica tem um tempo de duração e de desencantamento.[26]

Como se não bastasse, a tão sonhada celeridade processual não tem o poder de extirpar do íntimo de qualquer das partes o sofrimento próprio da demora processual, encurtando a processualidade e, via de conseqüência, a discursividade que é a legitimadora da atividade jurisdicional.

Antes de pretenderem diminuir ou eliminar o tempo para uma defesa ampla ou o tempo de um processo em busca da sua efetividade ou celeridade deveriam tais juristas estar pregando, pura e simplesmente, uma nova ordem processual para obrigar o juiz a dar celeridade ao processo, uma vez que, no vigente Código, os seus atos são "voluntariosos ou aleatórios, eis que não são preclusivos, já que não sofrem sanção automática ou endoprocessual pelo descumprimento do prazo legal".[27]

Ronaldo Brêtas C. Dias, adverte que:

> a exigência normativa de se obter a decisão jurisdicional em tempo útil ou prazo razoável, o que significa adequação temporal da jurisdição, mediante processo sem dilações indevidas, não permite impingir o Estado ao povo a aceleração dos procedimentos pela diminuição das garantias processuais constitucionais (por exemplo, suprimir o contraditório, proibir a presença do advogado no processo, eliminar o duplo grau de jurisdição, abolir a instrumentabilidade das formas, restringir o direito das partes

---

[26] CALMON DE PASSOS. A crise do Poder Judiciário e as reformas instrumentais: avanços e retrocessos. In: MERLE; MOREIRA (Org.). *Direito e legitimidade*, p. 9.

[27] ALMEIDA, Andréa Alves de. A efetividade, eficiência e eficácia do processo no Estado Democrático. Estudos Continuados de Teoria do Processo, Vol. IV, p. 95, Coordenação de Rosemiro Pereira Leal.

à produção de provas, dispensar o órgão jurisdicional do dever de fundamentação). A restrição de quaisquer das garantias processuais, sob a canhestra e antidemocrática justificativa de agilizar ou tornar célere o procedimento, com o objetivo de proferir decisão jurisdicional em prazo razoável, é estimular o arbítrio, fomentar a insegurança jurídica e escarnecer da garantia fundamental do povo ao devido processo legal, em suma, deslavada agressão ao princípio constitucional do Estado Democrático de Direito.[28]

Como se não bastasse a morosidade ao decidir, os privilégios concedidos ao poder público na concessão de prazos mais elásticos para a realização de um ato processual vão de encontro à celeridade processual, o que deveria sofrer uma atenção maior por parte da doutrina e do legislador, eis que tais regalias atentam contra o princípio da isonomia, cujo estudo será aqui abordado.

2.1 Duplo grau de jurisdição como corolário lógico da ampla defesa

A maioria da doutrina brasileira não reconhece no duplo grau de jurisdição uma garantia assegurada ao cidadão brasileiro, ou seja, nossos processualistas entendem que, por não constar de forma expressa na Constituição Federal, o duplo grau de jurisdição, o recurso à segunda instância não é uma prerrogativa no nosso ordenamento jurídico. Uma vez que:

> A diferença é sutil, reconheçamos, mas de grande importância prática. Com isto queremos dizer que, não havendo garantia constitucional do duplo grau, mas mera previsão, o legislador infraconstitucional pode limitar o direito de recurso, dizendo, por exemplo, não caber apelação nas execuções fiscais de valor igual ou inferior a 50 OTNs (artigo 34, da Lei 6.830/80) e nas causas, de qualquer natureza, nas mesmas condições, que forem julgadas pela Justiça Federal (art. 4, da Lei 6.825/80), ou, ainda, não caber recurso dos despachos (art. 504, CPC).
>
> Estes artigos não são inconstitucionais justamente em face da ausência de "garantia" do duplo grau de jurisdição. Entretanto,

---

[28] DIAS. Ob. cit., p. 117.

não poderá haver limitação ao cabimento do recurso especial ou extraordinário, como era permitido no sistema revogado (art. 119, parágrafo primeiro, da CF de 1969), porque a atual Constituição Federal não estipulou nenhuma restrição. Os requisitos estão no próprio texto constitucional e somente eles devem ser exigidos do recorrente para que sejam conhecidos os recursos extraordinário e especial.[29]

Para que os processualistas brasileiros, dentre eles, o acima citado, possam concluir que o duplo grau de jurisdição, e, via de conseqüência, o acesso à segunda instância ou, melhor dizendo, o direito de recorrer de uma decisão, não é uma garantia fundamental do cidadão, eles, forçosamente, têm que entender que o recurso é autônomo, ou seja, distinto da ação que lhe deu causa, eis que, na nossa opinião, o instituto do recurso insere-se na estrutura normativa processual como um prolongamento do direito de ação, e não como uma ação autônoma, logo, corolário lógico do contraditório e da ampla defesa, já que a parte vencida tem direito de recorrer da decisão que contrariou os seus interesses, como forma não só de procurar revertê-la a seu favor, mas como característica nata do ser humano em não concordar, na primeira vez, com uma situação que lhe é desfavorável.

Essa característica remonta à Roma antiga[30]e, além dela, a justificar o duplo grau de jurisdição e, via de conseqüência, o

---

[29] NERY JÚNIOR. *Princípios do processo civil na Constituição Federal*, p. 167-168.

[30] De acordo com Sidou, em Roma: "o sentido centralizador do Estado Romano instaurado em Império, fez da apelação um meio altamente significativo em busca de sua concentração política e administrativa". In: SIDOU, Othon J.M. *Os recursos processuais da história*, cit. p. 26. No mesmo sentido: CALAMANDREI, Piero, *La casación civil*, cit. t.I, p. 87. Já no século XV assistiu-se "[...] ao advento dos Estados nacionais, e os príncipes, que na adversidade eram feudalistas, buscando nos barões um suporte para sua incolumidade, tornaram-se anti-feudais; enquanto os feudos enfraqueciam, a eli se ia tornando centralizada e com ela a justiça, reencarnada na pessoa do rei. E como a justiça se exercitava por delegação do soberano, seria natural reconhecer-lhe o direito de decidir, em última instância, porque essa faculdade fortalecia o poderio, concentrando em suas mãos o controle judicial". In: SIDOU, Othon J.M. *Os recursos processuais da história*, cit., p. 2. No mesmo sentido, LIMA, Alcides de Mendonça. *Introdução aos recursos cíveis*, cit. p. 12. COELHO NUNES. *O Recurso como possibilidade jurídico-discursiva das garantias do contraditório e da ampla defesa*, p. 66.

direito ao recurso, pode-se citar, ainda: a) função de reprimenda ao erro do julgador; b) função de suspensão de efeitos executórios; c) função de concentração de poder nas mãos do soberano, como instrumento autoritário-hierárquico; d) função de reanálise da decisão jurídica; e e) função de uniformização e aperfeiçoamento do direito.[31]

É de se ressaltar, ainda, que a nossa Constituição Federal traz um modelo de processo baseado nos princípios do contraditório, da ampla defesa (art. 5º, inciso LV), da isonomia (art. 5º, *caput*), do devido processo legal (art. 5º, inciso LIV), da fundamentação racional das decisões (art. 93, inciso IX), do juízo natural (art. 5º, inciso LIII), da inafastabilidade da tutela jurisdicional (art. 5º, XXXV) e do direito ao advogado (art. 133).

Esses princípios permitem a construção de um procedimento judicial não só legal, mas, sobretudo, legitimado pela participação ativa das partes visando à elaboração da decisão judicial com a menor margem possível de erro, já que o juiz, como ser humano, é falível. Logo, o recurso, na nossa opinião, tem como maior característica evitar, ou diminuir, tal risco. Demais disso, eles são julgados, na sua esmagadora maioria, por colégios de julgadores o que, por si só, aumentam as chances de acerto ou, no mínimo, elimina, consideravelmente, o risco de erro, muito embora saibamos que julgar por último não é garantia de acerto da decisão.[32]

---

[31] COELHO NUNES. Ob. cit., p. 65.

[32] *Appelandi usus quam sit frequens, quamque necessárius, nemo est qui nesciat: quippe cum inquietatem judicatum vel imperitiam corrigat, licet nonnum bene lata sententiae in pejus reformet: nequue enim utique melius pronunciat. Qui novissimus sententiam laturus est.* D. XLIX, 1, 1 (Ulpianus libro primo de appelletionibus) no vernáculo: Ninguém ignora como o uso da apelação é freqüente e como é necessário, pois que corrige a iniqüidade ou imperícia dos julgadores, embora às vezes reforme para pior sentenças proferidas, porque o fato de julgar por último não é razão para julgar melhor. In: LIMA. *Introdução aos recursos cíveis*, p. 134, citado por COELHO NUNES. Ob. cit., p. 109.

Liebman, ao analisar as críticas que eram feitas à apelação e ao duplo grau de jurisdição, afirmou que elas pecavam pelo abstrativismo, pois esse recurso estava ancorado na necessidade prática de controle, eis que, conforme afirmado, o juiz é falível. Afirmou, ainda, que a apelação não era a responsável pela demora processual e sim a estrutura judicial. Acrescentou, também, que o julgamento pelo Tribunal é mais vantajoso, já que os seus membros são mais maduros e possui a vantagem de manifestar-se sobre um caso que não é mais virgem, exercitando, assim, um espírito mais crítico sobre o caso.[33]

Assim sendo, o instituto do recurso, não só em face do perigo de uma má decisão judicial em primeira instância (erro do julgador, abuso de autoridade), mas, sobretudo, porque alicerçado na premissa de tratar-se de direito de ação, é ligado umbilicalmente ao modelo brasileiro de processo constitucionalizado. Nada obstante, é de se ressaltar que o instituto do recurso, como corolário lógico do contraditório e da ampla defesa, pode ser completamente desnaturado se, através dele, puder o Tribunal conhecer de matéria, de fato ou de direito, não levada ao conhecimento do juiz primevo, ressalvadas as previsões legais de caso fortuito ou força maior, devidamente comprovadas, já que, em assim ocorrendo, aqueles princípios, antes de serem preservados, estariam sendo desrespeitados.[34]

Nesse contexto, pode-se afirmar que, realmente, o duplo grau de jurisdição não se encontra ligado à possibilidade de existência de várias jurisdições, ou seja, de várias atividades pelas

---

[33] LIEBMAN, Enrico Túlio. *Il giudizio d apello e la constituzione*, cit. p. 403-404. COELHO NUNES. Ob. cit., p. 112.

[34] "[...] no direito brasileiro, a apelação sofreu radical mudança conceitual, porquanto de *novum iudicium*, amplo e pleno, em vigor no direito de época filipina, transformou-se, por meio de longa evolução histórica, em *revisio prioris instantiae*, consagrada em princípio, a partir do CPC de 1939. Assim, vedando a modificação da demanda e limitando rigorosamente a alegação de novas questões de fato o legislador brasileiro conferiu à apelação as marcas características de simples revisão da matéria reunida no primeiro grau de jurisdição." TUCCI. *Lineamentos da nova reforma do CPC*, p. 57, nota 3.

quais o Estado entrega a decisão judicial. Até porque, a jurisdição é una, qualquer que seja o conflito a se resolver, mesmo que seus órgãos, seus graus e seus atos sejam vários.[35]

Daí por que afirmamos, linhas atrás, que o recurso não pode ser considerado como uma ação autônoma, como, ao que parece, entendem a maioria dos processualistas brasileiros, e sim, como um prolongamento do direito de ação, via de conseqüência, uma extensão do direito ao contraditório e da ampla defesa.

Assim sendo, forçoso concluir que a expressão *duplo grau de jurisdição* não é a mais apropriada, muito embora seja tradicionalmente assim denominada, o que levaria à equivocada conclusão que existem uma pluralidade de graus de competência, permitindo, com isto, um duplo grau de cognição e julgamento, o que, a toda evidência, não corresponde à realidade. Destarte, "o duplo grau poder-se-ia denominar, assim, como um duplo juízo sobre o mérito, de forma a permitir que para cada demanda sejam permitidas duas decisões válidas e completas proferidas por juízos diversos". Assim, permite-se tão-somente a decisão em segundo grau de questões já decididas em primeiro,[36] o que reforça a tese de que o recurso é um prolongamento do direito de ação, logo, extensão do contraditório e da ampla defesa.

3 Princípio da isonomia

O princípio da igualdade apresenta origem na Revolução Francesa (Estado Liberal), com a Declaração dos Direitos do Homem e do Cidadão, que procurou abolir os privilégios que cercavam duas classes sociais, a nobreza e o clero.

Trata-se tal princípio de uma reafirmação do direito fundamental à igualdade e deve nortear as relações jurídicas, devendo-se fazer presente para que as partes recebam tratamento igualitário e

---

[35] COELHO NUNES. Ob. cit., p. 106.
[36] COELHO NUNES. Ob. cit., p. 106.

obtenham as mesmas oportunidades — simétrica paridade — no procedimento. O alcance do referido princípio não é apenas nivelar os cidadãos diante da norma legal posta. A própria lei não pode ser editada em desconformidade com a isonomia.[37]

O princípio da isonomia é garantidor de igualdade procedimental de igual tratamento. Sendo assim, não se pode falar em "dar tratamento isonômico às partes significa tratar igualmente os iguais e desigualmente os desiguais, na medida exata de suas desigualdades".[38]

Tal assertiva parte de uma premissa equivocada, uma vez que no Estado Democrático de Direito busca-se a incessante igualdade procedimental para evitar, exatamente, o que está sendo apregoado pela doutrina anteriormente citada; vale dizer: o privilégio de uma parte em detrimento da outra, baseado, às vezes, em critérios subjetivos ou, simplesmente, em favor legal que não encontra respaldo em um processo democrático que visa à igualdade procedimental dos litigantes.

Não é por outra razão que:

> ...a asserção de que há de se dar tratamento igual a iguais e desiguais a desiguais é tautológica, porque, na estruturação do procedimento, o dizer e contradizer, em regime de liberdade assegurada em lei, não se opera pela distinção jurisdicional do economicamente igual ou desigual.[39]

Vedam-se distinções legislativas que, por diversas vezes, configuram tratamento jurídico desigual. Não é perante a norma posta que se nivelam os indivíduos, mas a própria edição dela sujeita-se ao dever de dispensar tratamento equânime às pessoas e se por um lado objetiva propiciar garantia individual, por outro tolhe favoritismos.[40]

---

[37] BANDEIRA DE MELLO. *Conteúdo jurídico do princípio da igualdade.*
[38] NERY JÚNIOR. *Princípios do processo civil na Constituição Federal*, p. 40.
[39] LEAL. *Teoria geral do processo*: primeiros estudos, p. 104.
[40] BANDEIRA DE MELLO. *Conteúdo jurídico do princípio da igualdade.*

Tal dimensão da isonomia, respaldada pelo Estado Democrático de Direito, não pode ser compreendida conforme concepção aristotélica — tratar igualmente os desiguais e desigualmente os desiguais — na medida de suas desigualdades. Esse pensamento, conforme acentua Galuppo, foi desenvolvido por Aristóteles e refere-se à igualdade geométrica. Para a compreensão de igualdade geométrica, é importante entender o conceito de justiça distributiva, compreendida em dar a cada um conforme seu valor. Sobre justiça distributiva, destaca-se que:

> Ela se baseia num princípio da igualdade geométrica, em que 5/10 equivale a 4/8, que por sua vez equivale a ½. Isso significa que os bens comunitários devem ser distribuídos de forma que quem valha para a comunidade 8, deva receber 4, enquanto quem valha 2, deva receber 1, a fim de que tais indivíduos sejam igualados através desta espécie de justiça.[41]

Cada um receberá de acordo com a sua virtude. A justiça distributiva aborda a questão de tratamento comparativo de indivíduos, assim compreendida em "dar a cada um conforme o seu valor (arethé), ou seja, proporcionalmente àquilo que cada um agregou à comunidade política".[42]

Dessa concepção, resultaria a idéia de que injustiça existiria em um caso em que havendo dois indivíduos semelhantes, em condições semelhantes, o tratamento dado a um fosse pior, ou melhor, do que aquele dado ao outro.

Se assim pudesse ser concebida a isonomia, o processo, via de conseqüência, garantia que é, legitimador da atividade jurisdicional, passaria a ser entendido como forma de pacificação social, com escopos políticos e metajurídicos,[43] realizados pelo

---

[41] GALLUPO. *Igualdade e diferença*: Estado Democrático de Direito a partir do pensamento de Habermas, p. 40.

[42] Idem, p. 42.

[43] DINAMARCO. *A instrumentabilidade do processo*, p. 75.

juiz, desvirtuando sua função de possibilitar a formação dos provimentos pelas partes em contraditório.

Além disso, permitir o tratamento desigual a uma das partes, sob o fundamento de alcance de igualdade substancial, é tão-somente submeter o processo à jurisdição, esta entendida como o monopólio estatal na aplicação da lei. A simétrica paridade refere-se à igualdade processual, igual oportunidade de dizer e contradizer no processo, sem correlação com igualdade substancial. A simples discriminação sofrida por tais indivíduos já viola a Carta Política, cuja restauração exige propositura urgente de procedimentos executivos por parte do Ministério Público para que todos possam fruir de direitos fundamentais, já elencados na Constituição Federal a exigir, tão-somente, a sua execução (art. 5º, inciso 1º).[44]

Ademais, conforme ensina Rosemiro Pereira Leal, "é oportuno distinguir isonomia e simétrica paridade, porque esta significa a condição já constitucionalmente assegurada dos direitos fundamentais dos legitimados ao processo quanto à vida digna, liberdade e igualdade (direitos líquidos e certos) no plano constituinte do Estado Democrático de Direito".[45]

A isonomia processual, pressuposto da democracia, afasta qualquer tipo de privilégio e proíbe quaisquer distinções não autorizadas pelo texto constitucional. Conforme já ressaltado, a Constituição da República de 1988 elencou a isonomia processual como princípio norteador de todo ordenamento jurídico. A partir do momento em que uma lei, sob a justificativa de equiparar os sujeitos processuais, estabelece privilégios, passa a desrespeitar a isonomia processual, já que os efeitos produzidos pela situação fática são incompatíveis com o preceito determinado pela

---

[44] LEAL. Isonomia processual e igualdade fundamental a propósito das retóricas ações afirmativas. *Revista Jurídica UNIJUS*, p. 44.

[45] LEAL. *Teoria geral do processo*: primeiros estudos, 5. ed., p.104.

norma constitucional — igualdade de tratamento às partes no procedimento em contraditório.

Não se pode, portanto, deturpar o princípio da isonomia como querem alguns, uma vez que ele "não tem conteúdos de criação de direitos diferenciados pela disparidade econômica das partes, mas é direito assegurador de igualdade de realização construtiva do procedimento".[46]

Dessarte, não se pode compreender o princípio da isonomia como garantidor de tratamento igual aos iguais e desigual aos desiguais e, sim, que, pelo princípio processual de primeira geração, poder-se-á atingir a igualdade (simétrica paridade) entre os economicamente desiguais, entre os física e psiquicamente diferentes e entre a maioria e minoria política. Processualmente falando, na democracia, é inconcebível uma desigualdade jurídica fundamental, porque, se tal ocorresse, romper-se-ia com as garantias constitucionais do processo em seus princípios enunciativos do contraditório, isonomia e ampla defesa na produção, correição e aplicação do direito, inclusive do próprio direito processual. Daí, também, a inconstitucionalidade de diversos trechos do ordenamento jurídico brasileiro que estabelecem prazos diferentes, foros diferentes, tratamentos pessoais e funcionais diferentes, para os sujeitos do processo.[47]

Sendo assim, é de todo inconcebível, na democracia, coexistir, no espaço procedimental, desigualdade jurídica entre as partes calcadas nas ações afirmativas ou no pseudodireito à diferença, porque o princípio constitucional da isonomia é pressuposto processual da igualdade jurídica, que a todos iguala. Demais disso, "a se considerar uma igualdade ou desigualdade extra-sistemático-processual, esta seria psíquica, física, cultural, estética, ideológica

---

[46] Idem, p. 103.

[47] LEAL. Isonomia processual e igualdade fundamental a propósito das retóricas ações afirmativas. *Revista Jurídica UNIJUS*, p. 46.

ou econômica, não isonomicamente juridificada e não acolhível no arcabouço da teoria processual do direito democrático (processo instituinte, constituinte e constitucional de direito)".[48]

Pode-se concluir, que está intrínseca na isonomia a igualdade procedimental, não ensejando, via de conseqüência, o tratamento diferenciado de quem quer que seja intra-autos, por meio das políticas públicas ou de favores legais. A garantia do processo deve ter, então, não somente a previsão do contraditório e da ampla defesa a fim de manter o espaço político assegurado. Devem, o contraditório e a ampla defesa, desenvolverem-se de forma isonômica entre os participantes do processo, sob pena de ineficiência do espaço assegurado.[49]

---

[48] LEAL. Ob. cit., p. 47.
[49] ARAÚJO. *O novo processo constitucional*, p. 141.

Capítulo 4

A construção do provimento jurisdicional no Estado Democrático de Direito

Sumário: **1** A contribuição da doutrina de Elio Fazzalari - **2** A contribuição da teoria discursiva de Jürgen Habermas - **3** Prevalência da teoria neo-institucionalista do processo - **4** O papel do juiz e das partes no processo democrático - **5** O provimento jurisdicional e seus efeitos

As várias teorias existentes sobre a natureza jurídica do processo foram estudadas, exaustivamente, no Capítulo 2 deste trabalho. No presente tópico, o objetivo não é voltar àquele estudo, mas de demonstrar por que a doutrina do jurista italiano Elio Fazzalari e a teoria discursiva de Habermas contribuíram, e muito, para a evolução dos estudos do Direito Processual e, principalmente, para demonstrar que aquela doutrina e aquela teoria avançaram democraticamente em relação às demais até então existentes, nas suas visões de como o provimento jurisdicional (em sentido amplo, ato estatal) deve ser elaborado em um Estado Democrático de Direito, na primeira, e como um discurso jurídico deve ser travado entre os envolvidos, na segunda. Ao final deste capítulo, declinaremos a nossa preferência pela teoria neo-institucionalista do processo e declinaremos as razões que nos levaram a fazer tal escolha.

1 A contribuição da doutrina de Elio Fazzalari

Já foi dito, no mencionado capítulo, que a doutrina de Bülow conceitua processo como uma relação jurídica entre pessoas (autor, juiz e réu). Já foi afirmado que os seus seguidores, até hoje, não conseguem distinguir processo de procedimento e, não raro, colocam o processo a serviço da jurisdição. Essa é, inclusive, a corrente dominante no Direito Processual brasileiro cujo maior expoente é Cândido Rangel Dinamarco, da chamada Escola Paulista de processo ou, simplesmente, instrumentalista.

O maior avanço trazido pelos estudos de Fazzalari foi, exatamente, o de distinguir o que os instrumentalistas não conseguem: processo de procedimento e de provimento, além de dar uma outra visão jurídico-democrática à jurisdição, colocando-a a serviço do processo e não este daquela, como os instrumentalistas acreditam poder ser.

Para Fazzalari, regra geral, o processo é uma espécie do gênero procedimento, e este, uma seqüência de atos que antecedem o provimento, ato final da relação procedimental.

Mas não é qualquer procedimento que pode ser considerado processo. Aí reside, talvez, uma das maiores contribuições dos estudos daquele jurista. Somente o procedimento realizado em contraditório é que pode ser considerado processo. Donde se pode concluir, segundo Fazzalari, que não existe processo sem contraditório, contrapondo-se, via de conseqüência, à doutrina de Bülow, seguida pelos instrumentalistas brasileiros, de que o processo é uma relação jurídica entre pessoas.

E os estudos e conclusões daquele jurista não param por aí. Para ele, não existe apenas o processo judicial. Em qualquer atividade estatal (legislativa e executiva) de que pode ou deve emanar um ato estatal, àquele procedimento, que irá redundar em ato final do Estado, deve ser realizado em contraditório, para nascer o processo.

É que, para Fazzalari, o ato estatal, ou provimento, surge da própria estrutura orgânica do Estado, pouco importando se do legislativo, executivo ou judiciário.

> [...] se, in prima approssimazione, indichiamo come provvedimenti gli atti con cui gli organi dello Stato (gli organi che legiferano, quelli che governano in senso lato, quelli che redondo giustizia, e cosi via) emanano, ciascuno nell ambito della propria competenza, disposizioni imperative.[1]

Por esta teoria, o provimento estatal só se legitima se é precedido do procedimento, por que ele, o provimento, só terá aquele *status* se for antecipado, necessariamente, por uma série de atos previstos em lei.

Entretanto, não basta o procedimento sobre o império da lei para legitimar o provimento estatal. É imprescindível, sob pena de descaracterização completa, a presença do interessado no ato final e que a sua presença, em tal procedimento, seja realizada em contraditório, marca umbilical desta teoria, para alçá-lo à categoria de processo, conforme já dito.

Assim, os atos praticados dentro de um procedimento devem estar ligados uns aos outros em uma relação de causa e efeito, sendo o ato anterior pressuposto daquele que o segue e assim, sucessivamente, até o ato final: o provimento estatal. Assim é que:

> Il procedimento si presenta, poi, come uma sequenza de tai quali previsti e valutati dalle norme. Il procedimento va, infine, riguardado come uma serie di facoltá, porteri, doveri: quante e quali sono le posizioni soggettive.[2]

---

[1] FAZZALARI. *Istituzioni di Diritto Processuale*, 8. ed., p. 7. Se em primeira aproximação indicamos como providências os atos com os quais os órgãos do Estado (os órgãos que legislam, aqueles que governam em lato senso, aqueles que fazem justiça, e assim por diante) emanam, cada um no âmbito da própria competência, disposições imperativas. Tradução livre.

[2] FAZZALARI. Ob. cit., p. 79. O procedimento se apresenta, pois, como uma seqüência tais quais previstas e validadas pelas normas. O procedimento vai, enfim, considerado como uma série de faculdades, poderes, deveres: quantas e quais são as posições subjetivas. Tradução livre.

Dessarte, o provimento final, para não ser maculado, deve guardar estreita sintonia e conexão entre os atos que compõem o procedimento, haja vista, conforme já informado, que deve haver uma conexão lógica/jurídica/temporal entre um e o outro. Assim é que, por exemplo, não se pode determinar uma prova pericial se o réu está no prazo para contestar a ação, porque o ato de contestar segue a inicial e precede aquela prova guardando, com isso, conexão lógica/jurídica/temporal entre eles.

Quando foi afirmado, linhas atrás, que os instrumentalistas, capitaneados por Dinamarco, Cintra e Grinover, não diferem processo de procedimento e, ao conceituarem este, mais confundem do que explicam, o fizemos baseados no fato de que aqueles ilustres processualistas assim se expressam:

> O procedimento é, nesse quadro, apenas o meio extrínseco pelo qual se instaura, desenvolve-se e termina o processo; é a manifestação extrínseca deste, a sua realidade fenomenológica perceptível. A noção de processo é essencialmente teleológica, porque ele se caracteriza por sua finalidade de exercício de poder (no caso, a jurisdicional). A noção de procedimento é puramente formal, não passando da coordenação de atos que se sucedem. Conclui-se, portanto, que o procedimento (aspecto formal do processo) é o meio pelo qual a lei estampa os atos e fórmulas da ordem legal do processo.[3]

A diferença salta aos olhos: enquanto os processualistas brasileiros acima citados enxergam o procedimento a partir da visão de processo, Fazzalari desenvolve, primeiro, a noção de procedimento para, só depois, e com visão democrática, conceituar processo, como uma espécie de procedimento realizado em contraditório. O processo é fruto do procedimento e não este daquele, para Fazzalari.

Daí por que se afirmou alhures que é pelo procedimento realizado em contraditório (processo), com a real participação

---

[3] CINTRA; GRINOVER; DINAMARCO. *Teoria geral do processo*, p. 275.

do interessado em simétrica paridade que o ato estatal irá ganhar legitimidade dentro do paradigma do Estado Democrático de Direito.

É inegável reconhecer que a teoria fazzalariana de processo e procedimento trouxe um avanço para a compreensão daqueles institutos há muito superada pela doutrina de Bülow, criada em 1868, e acolhida pelo nosso Código de processo Civil, inclusive nas suas mais recentes reformas.

Acrescenta-se, ainda, que foi por meio de Fazzalari e da sua teoria que se conheceu, pela primeira vez, a concepção democrática daqueles institutos, embalados pela noção de igualdade e simétrica paridade entre as partes. Demais disso, não se restringiu a figura do processo apenas ao âmbito judicial, mas estendendo-o ao legislativo e ao executivo.

Na visão de Fazzalari, o processo é indispensável ao Estado Democrático de Direito, porque é, através dele, que a cidadania poderá ser exercitada sem limitações, uma vez que a lei e o ato estatal estarão submissos a fatores de correição. Só através dele, do processo, poderemos chegar a uma sociedade livre, igualitária e aberta.

Aroldo Plínio Gonçalves, na mesma linha exposta acima, adverte que "no Direito Processual atual, concebido como sistema normativo, o processo já não pode ser reduzido a uma mera legitimação pelo procedimento, não porque se deva dispensar as formas, mas porque o processo já não é mais apenas um rito para justificar uma sentença".[4]

Donde se conclui, sem margem para erro, que, segundo Fazzalari, em um Estado Democrático de Direito, o processo não está a serviço da jurisdição, e sim, esta daquele, e o ato de decidir não é um poder do Estado-Juiz, e sim, uma função estatal

---

[4] GONÇALVES. Ob. cit., p. 181.

ligada aos seus Órgãos (judiciário, legislativo, executivo) e não aos Poderes judiciário, legislativo ou executivo,[5] já que o poder é do povo e não do Estado, conforme parágrafo único, do artigo primeiro, da Constituição da República.

2 A contribuição da teoria discursiva de Jürgen Habermas

A teoria discursiva criada por Jürgen Habermas surgiu com a sua obra *Direito e Democracia*: entre facticidade e validade, onde ele a elabora, partindo de uma premissa calcada na racionalidade procedimental. Tal teoria traz enorme contribuição para a construção do provimento no Estado Democrático de Direito, eis que, a partir dela, o direito passa a ser concebido divorciado da moral e, principalmente, como fator de integração entre fatos e validade.[6] O cerne dessa teoria, como será visto, é substituir a razão prática (pragmatismo) pela razão comunicativa (dialética). Há, na verdade, uma substituição da razão finalística por uma razão focada no entendimento.

Por esta teoria, Habermas acredita que a legitimidade da norma só se dá se ela for, efetiva e incessantemente, testada por um princípio de discurso praticado pelos seus criadores e destinatários[7] já que a sociedade atual, multicultural e racionalista, rejeita tanto a metafísica religiosa dos antigos, quanto o apelo à legalidade/discricionariedade do positivismo, como mecanismos de legitimação do Direito. Habermas, então, faz o seguinte

---

[5] Para aprofundamento sobre a doutrina de Fazzalari, pode o leitor remeter-se ao brilhante trabalho de LEÃO LARA; CARVALHO; PENNA. *Processo, ação e jurisdição em Fazzalari*. In: LEAL (Coord.). *Estudos continuados de teoria do processo*, p. 243-346, de onde foram colhidas lições para a feitura deste tópico.

[6] O que também já havia sido detectado por Weber já que este, nos dizeres de Álvaro Souza Cruz "a introdução de elementos morais no Direito conduziria à irracionalidade. Logo, o Direito, necessariamente, precisava afastar-se de quaisquer proposições éticas, pois tal procedimento acarretaria perda de sua cientificidade. E, a racionalidade da ciência jurídica centrar-se-ia exclusivamente no trabalho reconstrutivo e analítico dos conceitos". Ob. cit., p. 211.

[7] HABERMAS. Ob. cit., p. 309.

questionamento, que é, ao mesmo tempo, definidor de que em sociedades complexas não existe uma saída salvadora, principalmente pré-estabelecida:

> Em tal situação, agudiza-se o seguinte problema: como integrar socialmente mundos da vida em si mesmos pluralizados e profanizados, uma vez que cresce simultaneamente o risco de dissenso nos domínios do agir comunicativo desligado de autoridades sagradas e de instituições fortes?[8]

Para Habermas, a resposta só poderia ser uma: a faticidade da imposição coercitiva do Direito pelo Estado deveria ser conectada a um processo de normatização do direito. Logo, a coerção e a liberdade são dois componentes essenciais à sua validade,[9] já que a moral isolada seria incapaz de promover a integração social. Percebe-se, então, que a legitimidade do Direito em Kant, calcada na moral, não pode mais ser aplicada em sociedades complexas, em um mundo plural, com variadas construções de fundo ético, com valores múltiplos e contraditórios, por ser ela insustentável.[10] "Para Habermas, a moralidade deve transcender as diversas visões de mundo, com enunciados derivados de um diálogo/discurso público e racional, incluindo tanto concepções individuais e coletivas sobre a noção de vida digna."[11] Para Habermas, portanto, tais concepções não devem ater-se, simplesmente, a um mundo de vida, vale dizer, sob uma única e universal moralidade, mas fruto de uma universalização de interesses em questão, fruto de uma incessante discursividade na busca da legitimidade do direito, já que:

---

[8] Idem, p. 46.

[9] SOUZA CRUZ. Ob. cit., p. 211-212.

[10] "De acordo com Kant, o conceito de direito não se refere primariamente à vontade livre, mas ao arbítrio dos destinatários; abrange a relação externa de uma pessoa com outra; e recebe a autorização para a coerção que um está autorizado a usar contra o outro, em caso de abuso. O princípio do direito limita o princípio da moral sob esses três pontos de vista. A partir dessa limitação, a legislação moral reflete-se na jurídica, a moralidade na LEALidade, os deveres éticos nos deveres jurídicos, etc." (HABERMAS. *Direito e democracia*, p. 140)

[11] SOUZA CRUZ. Ob. cit., p. 212.

...ela apóia-se, em última instância, num arranjo comunicativo: enquanto participantes de discursos racionais, os parceiros do direito devem poder examinar se uma norma controvertida encontra ou poderia encontrar o assentimento de todos os possíveis atingidos.[12]

Entretanto, não é qualquer discurso que legitima a norma. Para Habermas, somente o discurso jurídico tem esse poder e papel, eis que, só através dele há uma mutação para o princípio democrático. "Para Habermas, a resposta só poderia ser uma: a faticidade da imposição coercitiva do Direito pelo Estado deveria ser conectada a um processo de normatização racional do direito. Logo, a coerção e a liberdade são dois componentes essenciais à sua validade."[13] Afirma o autor:

> [...] o princípio da democracia resulta da interligação que existe entre o princípio do discurso e a forma jurídica. Eu vejo esse entrelaçamento como uma gênese lógica de direitos, a qual pode ser reconstruída passo a passo. Ela começa com a aplicação do princípio do discurso ao direito a liberdades subjetivas de ação em geral — constitutivo para a forma jurídica enquanto tal — e termina quando acontece a institucionalização jurídica de condições para um exercício discursivo da autonomia política, a qual pode equipar retroativamente a autonomia privada, inicialmente abstrata, com a forma jurídica. Por isso, o princípio da democracia só pode aparecer como núcleo de um sistema de direitos. A gênese lógica desses direitos forma um processo circular, no qual o código do direito e o mecanismo para a produção de direito legítimo, portanto o princípio da democracia, se constituem de modo co-originário.[14]

Álvaro Souza Cruz, debruçando-se sobre a necessidade da dialética no direito em busca do melhor argumento, chega a uma conclusão no mesmo sentido de Habermas. Observe:

---

[12] Idem, p. 96.
[13] SOUZA CRUZ. Ob. cit., p. 211.
[14] HABERMAS. Ob. cit., t. 1, p. 158.

Logo, eles se ligam por um médium lingüístico, que certamente envolve uma tensão entre a realidade e um discurso, em teoria. Essa tensão justifica-se, porque o uso lingüístico de expressões podem ser díspar entre os participantes do discurso.

Nesse sentido, cumpre ao Direito o papel de superação dessa tensão. Se ele busca estabilizar expectativas de comportamento, por pressuposto ele deve organizar o discurso estabelecido, trabalhando para que o mesmo surta efeitos.

Destarte, os participantes devem agir comunicativamente, ou seja, buscar a compreensão mútua, não apenas do médium lingüístico, mas para a busca de consenso sobre o conteúdo assertivo da afirmação: ela é falsa ou verdadeira? Para tanto, o falante deve estar disposto a sustentar sua afirmação com razões que convençam os ouvintes da veracidade de sua proposição.[15]

Percebe-se, então, com clareza, o que será mais bem analisado no tópico seguinte, que a teoria discursiva de Habermas só tem aplicabilidade se, e somente se, obtiver um espaço para que o princípio do discurso se converta em princípio democrático, ou seja, possa deixar o plano teórico e passe a ser uma garantia fundamental do cidadão. Nessa busca, Habermas estabelece as categorias de direito que podem garantir a autonomia privada e pública dos sujeitos jurídicos:

> (I) Direitos fundamentais que resultam da configuração politicamente autônoma do direito à maior medida possível de iguais liberdades subjetivas de ação. [...] (2) Direitos fundamentais que resultam da configuração politicamente autônoma do status de um membro numa associação voluntária de parceiros do direito; (3) Direitos fundamentais que resultam imediatamente da possibilidade de postulação judicial de direitos e da configuração politicamente autônoma da proteção jurídica individual; [...] Direitos fundamentais à participação, em igualdade de chances, em processos de formação da opinião e da vontade, nos quais os civis exercitam sua autonomia política e através dos quais eles criam direito legítimo. [...] Direitos fundamentais a condições de

---

[15] SOUZA CRUZ. Ob. cit., p. 217.

vida garantidas social, técnica e ecologicamente, na medida em que isso for necessário para um aproveitamento, em igualdade de chances, dos direitos elencados de (1) até (4).[16]

Tal se exige, em um Estado Democrático de Direito, porque, neste paradigma, o cidadão não pode mais se conformar, tão-somente, com a validade da norma. É mister, também, que ela se faça legítima e, para que tal ocorra, ela deve passar, de maneira incessante, por uma comprovação discursiva. A substituição da razão prática pela razão comunicativa determinou um novo modo de relação entre o direito e a moral: de co-originalidade e, quanto ao modo de proceder, de complementaridade, o que vai garantir neutralidade normativa imediata para o direito.

Tal se dá através de um

> processo legislativo que permite que razões morais fluam para o direito já que este é o momento de maior absorção dos discursos morais fazendo com que as duas esferas complementem-se mutuamente. É por isso que André Leal afirma que [...] o Direito, em Habermas, não necessita de inserção de componentes morais ulteriores à sua criação legislativa. Se os pressupostos à criação e legitimação democrática do Direito foram atendidos, o processo legislativo obteve êxito em oferecer um espaço adequado e livre de coerções, para que os destinatários das normas pudessem explicar suas posições, expender os argumentos morais, éticos e pragmáticos que deveriam ser introduzidos no Direito.[17]

Logo, o Direito não se sustenta mais em elementos meta-físicos do costume ou da religião que o pudesse subordinar. Nas sociedades complexas, atuais, a moral pós-convencional "transforma-se num procedimento para a avaliação imparcial de questões difíceis, um procedimento fundado na noção de reciprocidade, de maneira a permitir/garantir o florescimento de distintos projetos de vida".[18]

---

[16] HABERMAS. Ob. cit. t. 1, p. 159-160.
[17] DEL NEGRI. Ob. cit., p. 45.
[18] SOUZA CRUZ. Ob. cit., p. 213.

O princípio da moralidade insculpido no processo de normatização racional do Direito, através da discursividade acima mencionada, acaba por aliviar o legislador e o magistrado do peso cognitivo de se fazer uma avaliação com valores próprios, o que, via de conseqüência, afastaria, também, a figura do juiz Hércules de Dworkin,[19] eliminando-se a coação e a ideologia, privilegiando o melhor argumento.

Ao realizar-se a presente pesquisa, centraram-se os estudos, com mais ênfase, apenas na obra de Habermas *Direito e Democracia*: entre facticidade e validade eis que, antes desta obra (1992), aquele autor aceitava a premissa de que o Direito continha elementos morais na sua aplicação, abandonando tal teoria com a obra em comento, ou seja, com *Direito e democracia*: entre facticidade e validade Habermas abandona a doutrina kantiana e passa a enxergar a Moral ligada ao Direito simultaneamente. Como se entendeu, o que restará demonstrado neste tópico, é que Moral e Direito não têm relação em um Estado Democrático de Direito.

É que, pela teoria do Direito natural racional, o Direito, para ser legítimo, deveria copiar as normas morais que fundamentariam e legitimariam a sua aplicação. Habermas, antes de *Direito e Democracia*, aceitava essas premissas. Para ele, as questões morais permeariam as questões jurídicas e obteriam institucionalização através de processos jurídicos.[20]

Entretanto, em *Direito e democracia*, Habermas propõe que a própria argumentação moral seja o modelo processual para a averiguação da formação da vontade que se dá pelo exame das pretensões de validade hipotéticas, uma vez que quem se envolve em uma prática de argumentação tem de pressupor que todos os possíveis afetados poderiam participar na busca cooperativa

---

[19] Trata-se de uma criação de Ronald Dworkin, na sua obra *O império do direito*, para designar a figura do juiz centralizador, com poderes sobre-humanos a quem todos nós podemos confiar, já que ele, por ser Hércules, é infalível.

[20] MOREIRA. *Fundamentação do direito em Habermas*, p. 173-174.

da verdade isenta de coerção. Na busca dessas pretensões de validade, a única coerção admitida é a do melhor argumento, que teria uma pretensão normativa.

Pode-se concluir que, para Habermas, após a obra citada, existe uma relação de complementaridade entre a Moral e o Direito, de modo que eles devem instaurar-se de forma procedimental. Isso se faz necessário porque, nos processos jurídicos, as exigências racionais realizam-se por completo, o que não se dá ou não se verifica, por completo, no campo restrito da Moral, uma vez que não existem critérios objetivos para tal julgamento. Destarte, do ponto de vista do novo Habermas, dentro de uma racionalidade procedimental, Direito e Moral distinguem-se, daí porque forçoso é reconhecer que, na modernidade, as normas morais devem converter-se em normas jurídicas, porque apenas o Direito tem a capacidade de, sozinho, suprir as carências de uma modernidade pós-tradicional, haja vista que a Moral é o fim em si mesma, enquanto o Direito pode servir de instrumento a partir do momento que corrobora as decisões políticas.

Para Habermas, a Moral deixou de ter aquele componente metafísico entrelaçando-se ao Direito positivo sem, no entanto, perder sua identidade. Nas palavras do autor:

> Nos discursos jurídicos, o tratamento argumentativo de questões práticas e morais é domesticado, de certa forma, pelo caminho da institucionalização do direito, ou seja, a argumentação moral é limitada: a)metodicamente através da ligação com o direito vigente; b) objetivamente, em relação a temas e encargos de prova; c) socialmente, em relação aos pressupostos de participação, imunidades e distribuição de papéis; d) temporalmente, em relação aos prazos de decisão. De outro lado, porém, a argumentação moral também é institucionalizada como um processo aberto que segue a sua própria lógica, controlando sua própria racionalidade.[21]

---

[21] HABERMAS. Ob. cit., t. 2, p. 218-219.

Dessarte, a legitimidade do ordenamento jurídico, em sociedades pós-metafísicas, está intimamente ligada ao grau da sua abertura na busca racional das condições de validade que se institucionalizam por meio de um procedimento que privilegie o melhor argumento.

Quando foi dito, linhas atrás, que Habermas, em *Direito e Democracia*, abandonou a teoria kantiana, foi pelo fato de que Kant explica os elementos normativos do Direito através da moral. No entendimento habermasiano, a teoria kantiana do Direito resulta de sua submissão ao imperativo categórico. Do imperativo categórico se deduz o direito subjetivo de cada um à medida que o direito individual de cada um esteja aritmeticamente proporcional ao de todos os demais.[22]

Em uma só palavra:

> Em Kant, o direito moral ou natural, deduzido a priori da razão prática, ocupa a tal ponto o lugar central, que o direito corre o risco de se desfazer em moral; falta pouco para o direito ser reduzido a um modo deficiente de moral.[23]

Como já foi dito, com o surgimento de sociedades abertas e complexas, não é mais possível apelar para um Direito racional que vise, unicamente, à compreensão das relações sociais. O novo Direito das novas sociedades passou a recusar uma instância normativa que contivesse teor moral. Segundo Habermas, não é mais possível creditar o aspecto de moralidade do Direito a uma instância normativa. Por outro lado, de acordo com esse autor, é preciso salvar essa estrutura de fundamentação moralizante na medida em que ela fornece um momento de indisponibilidade, ou seja, o interessante é rastear o momento de indisponibilidade do jurídico, perdido com o abandono do Direito racional, uma vez que a moralidade embutida no Direito Positivo possui força

---

[22] MOREIRA. Ob. cit., p. 88.
[23] HABERMAS. Ob. cit., t. 2, p. 239.

transcendente de um processo que se regula a si e que controla sua própria racionalidade.[24]

Disso pode-se concluir, a partir de Habermas, que o Direito é uma instituição que incorpora elementos morais em sua racionalidade procedimental não deixando de considerar, para tanto, os pressupostos comunicativos necessários para a formação discursiva da vontade e para o balanceamento eqüitativo de interesses em seu conjunto. Em uma palavra, incorporando elementos morais, o Direito não se furta à obrigação de conter em seu bojo a vontade de todos os implicados.[25] Assim que:

> No processo de legislação, pode emergir uma moralidade que emigrara para o direito positivo, de tal modo que os discursos políticos se encontram sob as limitações do ponto de vista moral, que temos que respeitar ao fundamentar normas. Porém, numa aplicação de normas, sensível ao contexto, a imparcialidade do juízo não está garantida pelo simples fato de perguntarmos acerca daquilo que todos poderiam querer, e sim pelo fato de levarmos adequadamente em conta todos os aspectos relevantes de uma situação dada. Por isso, a fim de decidir quais normas podem ser aplicadas a determinado caso, é preciso esclarecer se a descrição da situação é completa e adequada, englobando todos os interesses afetados.[26]

Foi por necessidade que Habermas teve de rever a relação de complementaridade entre Direito, Moral e Política que o levou a dar nova dimensão à sua teoria do discurso e ao conceito de razão comunicativa. Ele desloca o eixo da razão prática (Kant) para a razão comunicativa e apresenta uma concepção intersubjetiva e comunicativa do Direito, pretendendo superar essas dificuldades postas pela tradição metafísica e subjetiva do Direito e, com isso, passa a explicar adequadamente o nexo interno entre autonomia privada e pública e, por conseguinte, o surgimento da

---

[24] MOREIRA. Ob. cit., p. 90.
[25] MOREIRA. Ob. cit., p. 93.
[26] HABERMAS. Ob. cit., t. 2, p. 245-246.

legitimidade na legalidade do Direito.[27] Assim, apesar de terem pontos em comuns, (...) a moral e o Direito distinguem-se *prima facie* porque a moral pós-tradicional representa uma forma de saber cultural, ao passo que o Direito adquire obrigatoriedade também no nível institucional. O Direito não é apenas um sistema de símbolos, mas também um sistema de ação.[28]

Para Habermas, portanto, normas gerais de ação se ramificam em regras morais e jurídicas, o que, sob pontos de vista normativos, equivale dizer que a autonomia moral e política são co-originárias, podendo ser analisadas com o auxílio do princípio do discurso, que coloca em relevo o sentido das exigências de uma fundamentação pós-convencional. Este princípio (princípio D), segundo Habermas, tem, certamente, um conteúdo normativo, uma vez que explicita o sentido da imparcialidade de juízos práticos; porém, ele é um princípio que se encontra num nível de abstração, o qual, apesar desse conteúdo moral, ainda é neutro em relação ao Direito e à moral, pois se refere a normas de ação em geral.[29]

O princípio do discurso (D), na interpretação de Regenaldo da Costa, é formulado do seguinte modo: são válidas as normas de ação às quais todos os possíveis atingidos poderiam dar o assentimento, na qualidade de participantes de discursos racionais. O princípio do discurso (D) explica, pois, o ponto de vista sob o qual, segundo Habermas, é possível fundamentar imparcialmente normas de ação e pressupõe que questões práticas, em geral, podem ser julgadas imparcialmente e decididas racionalmente pelo procedimento discursivo-argumentativo, o qual funciona como critério de legitimidade das pretensões de validade levantadas.[30]

---

[27] COSTA. *Direito e legitimidade*, p. 39.
[28] HABERMAS. Ob. cit., t. 1, p. 141.
[29] COSTA. Ob. cit., p. 41.
[30] Idem, p. 41-42.

Habermas advoga a tese de que *nos discursos de fundamentação moral*, nos quais o ser humano é considerado como o centro, o princípio do discurso assume a forma de um princípio moral de universalização, enquanto que *nos discursos jurídicos*, nos quais a comunidade jurídica é considerada o sistema de referência, o princípio do discurso assume a forma do *princípio da democracia*.[31]

Sob esse prisma, o objetivo do princípio da democracia é o de construir e efetivar um procedimento que seja apto a legitimar o Direito em sociedades abertas e complexas, porque, como já visto, não basta a validade da norma; mister se faz que a mesma possa ser legitimada pelos seus criadores e destinatários (o povo), por uma decisão racional de questões práticas a serem construídas através do discurso, do qual depende a legitimidade das leis. Destarte, o princípio da democracia parte da premissa de que uma formação político-racional da opinião e da vontade é possível, implicando, via de conseqüência, a institucionalização dessa vontade racional através de um sistema que garanta a participação dos envolvidos em igual condição numa formação discursiva da opinião e da vontade, a qual se realiza em formas de comunicação garantidas pelo Direito.[32]

Dessarte, o princípio da democracia é orientador do próprio *médium* do Direito, ou seja, *deve* "não apenas institucionalizar uma formação política racional, mas também proporcionar o médium jurídico legítimo no qual esta vontade pode se expressar como vontade comum, intersubjetiva, de membros de Direito livremente associados".[33]

Daí por que, em *Direito e Democracia*, Habermas afasta-se, vez por todas, de Kant, já que neste a lei geral carrega o fardo da legitimação e esta está sempre alicerçada no imperativo categórico

---

[31] Idem. p. 42.
[32] COSTA. Ob. cit., p. 42-43.
[33] Idem, p. 43.

enquanto, no novo Habermas, o princípio da democracia, pelo discurso racional, é que legitima as leis. O princípio da democracia, em Habermas, é o código do Direito. Destarte, a legitimidade do direito de cada um só pode ser aferida pela mediação do discurso, pois só serão legítimos aqueles direitos de cada um que puderem ser conciliados intersubjetivamente, isto é, discursivamente confrontado, democraticamente, com o Direito do outro e de todos. O imperativo categórico (universalização) sai de cena para dar espaço à discursividade e à falibilidade que são próprias de um sistema aberto e complexo e, por isso, passíveis de constante correção pelos criadores e destinatários da norma, ou seja, o povo.

Exsurge, assim, a idéia de autolegislação comunicativo-discursiva que precisa adquirir a sua legitimidade dentro do *médium* do Direito, eis que "têm que ser garantidas pelo direito as condições sob as quais os cidadãos podem avaliar à luz do princípio do discurso, se o Direito que estão criando é legítimo e é para isso que servem os direitos fundamentais legítimos à participação nos processos de formação da opinião e vontade do legislador".[34]

Assim sendo, só podem objetivar legitimidade as normas que tenham passado pelo princípio do discurso, pois estariam sendo colocadas sob o crivo de todos os potencialmente atingidos[35] por ela na medida em que estes tenham participado dos discursos racionais da sua criação o que deve ser assegurado pelo poder político.

---

[34] Idem, p. 50.

[35] "Para mim, atingido é todo aquele cujos interesses serão afetados pelas prováveis conseqüências provocadas pela argumentação de uma prática geral através de normas. E discurso racional é toda tentativa de entendimento sob pretensões de validade problemáticas, na medida em que ele se realizar sob condições de comunicação que permitam o movimento livre de temas e contribuições, informações e argumentos no interior de um espaço público constituído através de obrigações ilocuionárias. Indiretamente a expressão refere-se também a negociações na medida em que estas são reguladas através de procedimentos fundamentados discursivamente." (HABERMAS. Ob. cit., t. 1, p. 142)

Para Habermas, portanto, existe uma estreita relação entre discurso, Direito e Democracia e só a liberdade comunicativa, ou seja, a formação discursiva da opinião e da vontade pode legitimar o Direito na Democracia.

Finalizando, diante do que foi exposto sobre a teoria discursiva do Direito, de acordo com Habermas, claro está que, embora ele responda de forma satisfatória à questão da legitimidade do Direito no Estado Democrático, não responde quais os institutos jurídicos que devem ser operados para que possa ser possibilitada a coexistência entre autonomia pública e privada, ou seja, quais os direitos fundamentais que seriam responsáveis pela institucionalização das condições comunicativas para a formação da vontade política racional. Tal omissão pode ser perfeitamente suprida com uma adequada teoria do processo, que será explicada no próximo tópico, para possibilitar a passagem do princípio do discurso ao princípio da democracia.

3 Prevalência da teoria neo-institucionalista do processo

Como foi visto, no tópico anterior, o princípio da democracia, no pensamento habermasiano, é o resultado da ligação entre o princípio do discurso e a forma jurídica. Em outras palavras: a legitimação das normas jurídicas, que se dá quando os seus destinatários podem se entender a qualquer instante como os seus autores, dá-se pelo princípio do discurso que, para ser deontologicamente neutro e possibilitar a concretização de decisões pelo melhor argumento, deve transformar-se em princípio da democracia. Essa passagem, segundo Habermas, ocorre com a institucionalização, por direitos fundamentais, de pressupostos comunicativos em que sejam resguardadas condições democráticas de formação da vontade e da opinião.

Entretanto, e conforme já foi salientado, Habermas não informa como seria possível a passagem do princípio do discurso para o princípio da democracia efetivando-se ou se resguardando, assim, os direitos fundamentais, já que aquele princípio garante que o discurso de fundamentação se abra ao emprego de argumentos pragmáticos e para o uso ético-político da razão prática. Sem embargo, percebe-se pelo estudo da sua obra *Direito e Democracia: entre facticidade e validade* que ele, ainda que implicitamente, faz referência às garantias fundamentais constitucionalizadas do contraditório, da ampla defesa e da isonomia, já estudadas neste trabalho, no Capítulo 3. Assim, entende-se que aquelas garantias são princípios institutivos de qualquer discurso e pressupostos de validade e legitimidade de qualquer decisão racional, principalmente em um Estado Democrático de Direito que é o referencial da presente pesquisa.

Dessa omissão, nasceu a necessidade de ser criada a teoria neo-institucionalista do processo pelo eminente processualista mineiro Rosemiro Pereira Leal, uma vez que, só através dela, poderá fazer a passagem do princípio do discurso para o princípio da democracia acabando, assim, com a lacuna deixada por Habermas.

Pode-se afirmar que só através da teoria neo-institucionalista do processo aquela passagem seria possível, eis que, conforme já visto no Capítulo 2, as teorias até então criadas não atendem "à implementação da teoria habermasiana do discurso democrático que visaria a institucionalizar o princípio do discurso para a sua estabilização em princípio jurídico da democracia que, a seu turno, iria garantir a revisibilidade processual incessante do direito no Estado Democrático constitucionalmente criado."[36]

A teoria do discurso criada por Habermas, já exposta no tópico anterior, é de grande valia para a legitimação das decisões judiciais no Estado Democrático de Direito e mostra-nos um caminho aberto e, por isso, democrático da construção do provimento jurisdicional em sociedades complexas. Entretanto,

---

[36] LEAL. *Teoria processual da decisão jurídica*, p. 168.

repita-se, ele não declinou em que moldes a passagem do discurso transmudaria para o princípio da democracia. A permanecer tal vácuo, essa lacuna, a fantástica contribuição daquele pensador alemão correria o risco de não ser aproveitada, do ponto de vista prático, uma vez que não teria um espaço, um campo, um local para ser aplicada, omissão essa que pode ser perfeitamente sanada por meio de uma teoria do processo àquela teoria intimamente ligada, o que acontece de maneira satisfatória com a teoria neo-institucionalista do processo, agora em foco, uma vez que:

> Por conseguinte, é de se reclamar uma teoria (neo) institucionalista do processo, voltada a qualificar o discurso da procedimentalidade fundante do direito democrático, a que nos dedicamos, em que seja o processo instituição constitucionalizada de controle e regência popular soberana legitimante dos procedimentos como estruturas técnicas de argumentos jurídicos assegurados, numa progressiva relação espácio-temporal, de criação, recriação (transformação), extinção, fiscalização, aplicação (decisão) e realização (execução) de direitos, segundo os princípios do contraditório, isonomia e ampla defesa. Estes princípios, que são integrantes conceituais do processo nessa concepção, assumem, nas comunidades constitucionalmente implantadas, caráter jurídico-instrumental de tornarem irrestrito o direito-de-ação à fiscalidade processual, popular e incessante, dos direitos fundamentais assegurados.[37]

É que a teoria neo-institucionalista estuda o processo como pressuposto de legitimidade da atividade jurisdicional, efetivando-o pela constitucionalização dos princípios institutivos do processo — contraditório, ampla defesa e isonomia — (daí porque se estudaram tais princípios neste trabalho de maneira apartada, em face da sua importância no Estado Democrático de Direito) processo esse que será o espaço discursivo imune de coerções externas, estando, via de conseqüência, capaz de permitir a participação dos envolvidos na construção do provimento em

---

[37] LEAL. Ob. cit., p. 178-179.

condições de igualdade, "aptos a aferir a legitimidade de uma norma ou não, já que se não são apenas os intérpretes jurídicos da Constituição que vivem a norma, não podem deter eles o monopólio da sua interpretação".[38]

A teoria do discurso de Habermas, sem embargo da sua evidente relevância, nos moldes preconizada, ou seja, sem declinar a forma pela qual o princípio do discurso se transforma em princípio da democracia, leva-nos a uma perigosa e indesejável autolegislação, eis que esta, sem ser praticada dentro de um espaço procedimental sujeito a critérios de correições, pode nos levar a lugar nenhum, porque:

> A autolegislação não tem passagem à legitimidade por uma confrontação de razões egressas de um choque público de pretensões sem o médium de uma teoria da processualidade construtiva (em princípios de contraditório, isonomia e ampla defesa) da formação e exercício da vontade que só assim se tornaria democraticamente soberana.[39]

Tal teoria deve ser observada nas sociedades pluralísticas pela sua importância em fomentar uma decisão democrática e racional. Entretanto, fora de um espaço processualizado (procedimento realizado em contraditório, nos moldes fazzalariano) e longe da teoria neo-institucionalista do processo (onde a autolegislação é possível em face do retorno da legitimidade da norma aos seus destinatários, através da teoria do processo), ela acabaria por comprometer a própria democracia, eis que o princípio do discurso não conseguiria fazer a passagem para o princípio da democracia, vez que o desenrolar das opiniões se daria fora de mecanismos não constitucionalizados e, por conseguinte, inaptos a legitimá-las. Destarte, a discursividade na democracia para ser completa e efetiva há de ser feita através de um direito-de-ação

---

[38] HABERLE. *Hermenêutica constitucional*, p. 15, citado por Álvaro Souza Cruz. Ob. cit., p. 263.

[39] LEAL. Ob. cit., p. 164.

co-extenso ao procedimento processualmente teorizado como meio de articulação evitando-se, assim, a sua imobilização e garantindo-se a sua legitimidade.[40] Pode-se concluir que, nas democracias, nem o povo (no sentido de uma comunidade) seria auto-suficiente para recriar os fundamentos democráticos fora do paradigma teórico-processual, nem tampouco os tribunais que só devem pronunciar-se de maneira legítima dentro daquela processualidade.

No entanto, e é bom que se frise, não é todo modelo constitucional de processo que está apto a gerir uma decisão democrática. O que vai diferenciar um processo constitucional democrático, na *teoria neo-institucionalista*, é a capacidade de este promover, garantir e efetivar a total e irrestrita reabertura para uma discursividade crítica à fiscalização (correição) processual continuada para a construção, reconstrução, confirmação, concreção, atuação e aplicação do direito vigorante.[41]

A teoria neo-institucionalista como *médium* hermenêutico da procedimentalidade realizadora do direito democrático é devolutiva ao povo, por habilitações de todos ao devido processo legal, da fiscalidade soberana, direta e simultânea, das esferas de produção e aplicação do direito pela plebiscitarização processual (legitimação plenária *ad processum* e *ad causam*) do controle irrestrito e incessante de constitucionalidade.[42]

Em uma só palavra: é preciso que se dê conexidade processual à teoria discursiva do Direito (Habermas) à teoria neo-institucionalista do processo (Leal) para que se possa compreender melhor o que se denomina *institucionalização jurídica* em Habermas, porque só através de uma processualidade intimamente ligada àquela teoria discursiva, o que é o caso da teoria aqui enfocada,

---

[40] LEAL. Ob. cit., p. 164.
[41] Idem, p. 171.
[42] Idem, p. 171.

pode-se chegar a uma integração social pelo direito-de-ação de forma ampla e incondicionada e não mais se ficar à espera das esmolas governamentais (bolsa-escola, bolsa-gás, vale-transporte) e na expectativa de uma decisão judicial salvadora e calcada em preceitos metafísicos e elaborada de forma solipsista.

Dessarte, sendo a justificativa de forma argumentativa e racional, vale dizer, reconstruída dentro de uma processualidade constitucionalmente assegurada, pode-se considerar que ela é uma resposta correta, para aquele caso concreto, e essa garantia, ao nosso ver, só é verificada na teoria em estudo, já que as outras, umas mais outras menos, não assegura, de maneira completa, a passagem do discurso para o princípio da democracia, já que

> a reconstrução adequada da situação de aplicação, condicionada e garantida pelo Direito Processual, é que possibilita, juridicamente, a determinação de qual dentre as normas válidas, é a que deve ser aplicada.[43]

Não basta, portanto, que o povo seja consultado por meio de um plebiscito (como entendem os republicanos) para que se possa reconhecer a existência de uma democracia direta. Da mesma forma, não se encontra a democracia no pensamento liberal que, ao enaltecer a liberdade individual, acaba por inibir a discussão dos seus próprios direitos fundamentais.[44]

O que os liberais e os republicanos ainda não perceberam é que o povo é um conjunto de indivíduos circunscritos a um recinto espacial no qual a plebiscitarização do direito, ao se fazer pela processualidade, em paradigmas institucinonais democráticos já constitucionalizados, não ocorre pela mobilização ou escuta provocada das massas populares, mas pela fiscalização jurídico-processual abstrata e concreta, irrestrita e incessante da constitucionalidade no espaço procedimental não físico-nacional.

---

[43] CATTONI DE OLIVEIRA. Ob. cit., p. 158.
[44] LEAL. Ob. cit., p. 180.

Nesse passo, o acerto de Habermas é primoroso quando legitima a pretensão de validade normativa da legalidade democrática na oportunidade incessante e irrestrita de correição procedimental unificadora dos âmbitos da produção e aplicação do direito nas democracias.[45]

Sendo assim, no paradigma do Estado Democrático de Direito, as decisões judiciais não estão nas mentes privilegiadas do julgador solitário, mas são construídas através de uma interpretação conjunta da norma, emergida de uma razão discursiva advinda de uma racionalidade fundamentada por uma teoria Processual (neo-institucionalista) em que os destinatários da norma possam ser reconhecidos como os autores do direito.

A resposta correta, em sociedades complexas, não está na busca de um consenso ético-substantivo majoritário. Ela está no procedimento, na máxima observância do devido processo constitucional, agasalhado, de maneira ampla e irrestrita, apenas pela teoria em comento. A segurança jurídica, nos nossos tempos, não está no consenso substantivo, mas na rigorosa observância do processo, já que não se busca na democracia uma igualdade material absoluta, mas a igualdade material capaz de nos dar a capacidade de decidir quais são as diferenças ou argumentos que consideramos justos ou corretos.

4 O papel do juiz e das partes no processo democrático

Em um Estado Democrático de Direito, no qual o processo deve ser concebido por meio de um procedimento realizado em contraditório, sua instrumentalidade técnica exige mais que a mera participação das partes. Essa participação deve ser feita sempre em contraditório o que, como já vimos, não se limita apenas à tese e à antítese. As partes envolvidas neste que deve ser o atual processo

---

[45] Idem, p. 181.

têm que ter asseguradas para si que aquela participação seja feita em igualdade de condições, que as suas provas e alegações, ainda que não interfiram, direta ou indiretamente, no convencimento do juiz, foram, por ele, observadas e analisadas.[46]

O juiz, por seu turno, deixou de ser um mero espectador das partes enquanto estas estão se digladiando. Ele passou a ser um sujeito ativo (não parte) do processo na busca da verdade, quando, de ofício, pode, entre outras atividades, determinar realização de perícias, vistorias e inquirição de testemunhas e, até mesmo, decidir a causa com uma fundamentação, de fato e de direito, diversa daquela que lhe foi colocada pelas partes, desde que fundamente a sua decisão e que esta decisão encontre respaldo fático e legal dentro dos autos e que, ainda, seja dada às partes a oportunidade isonômica de se manifestarem, antes de se decidir com outra fundamentação jurídica, evitando-se, assim, o efeito surpresa e em respeito às garantias fundamentais do contraditório e da ampla defesa.

Não pode o juiz criar leis como pretexto de fundamentar uma decisão que não encontra respaldo legal; nem tampouco executar as leis criadas pelo legislador, sob pena de extirpar a liberdade do cidadão. Não pode, ainda, decidir com subjetivismo sob pena de descambar para um decisionismo judicial arbitrário, em franca violação à democracia, elemento para o qual o positivismo não apresentou resposta.[47] Corroborando esta afirmação, Ronaldo Brêtas, com arrimo em Montesquieu, na obra *De l'esprit des lois*, adverte que:

---

[46] Habermas sustenta que a aceitabilidade racional de uma decisão/asserção apóia-se em certas qualidades do processo argumentativo, dentre as quais o fato de que a comunicação deve ser isenta de coações internas ou externas, de tal forma que os posicionamentos de sim e não ante reivindicações de validação criticáveis sejam motivados tão-somente pela força de convencimento das melhores razões. Obra citada. p. 58.

[47] SOUZA CRUZ. Ob. cit., p. 210.

Tampouco existe liberdade se o poder de julgar não for separado do poder legislativo e do executivo. Se estivesse unido ao poder legislativo, o poder sobre a vida e a liberdade dos cidadãos seria arbitrário, pois o juiz seria legislador. Se estivesse unido ao poder executivo, o juiz poderia ter a força de um opressor. Tudo estaria perdido se o mesmo homem, ou o mesmo corpo dos principais, ou dos nobres, ou do povo exercesse os três poderes: o de fazer leis, o de executar as resoluções públicas e o de julgar os crimes ou as querelas entre os particulares (Livro XI, Capítulo VI).[48]

Sendo assim, entende aquele autor que existe apenas um poder único do Estado, que se desloca no exercício de três atividades fundamentais: a jurídica, a executiva e a legislativa. Para Ronaldo Brêtas, portanto, com apoio em Canotilho, "o que deve ser considerada repartida ou separada é a atividade e não o poder do Estado, do que resulta uma diferenciação de funções exercidas pelo Estado por intermédio de órgãos criados na estruturação da ordem jurídica constitucional, nunca a existência de vários poderes do mesmo Estado".[49]

Portanto, a exigência da fundamentação das decisões judiciais é de origem constitucional. É garantia fundamental do cidadão ter acesso a uma decisão judicial devidamente fundamentada. Esta exigência, segundo Ronaldo Brêtas, tem assento em quatro razões lógica e juridicamente relevantes. São elas:

a) controle de constitucionalidade da função jurisdicional, permitindo verificar se o pronunciamento estatal decisório está fundado no ordenamento jurídico vigente (princípio da reserva legal); b) tolhimento da interferência de ideologias e subjetividades do agente público julgador no ato estatal de julgar; c) verificação da racionalidade da decisão, ao apreciar os argumentos desenvolvidos pelas partes em contraditório e ao resolver analiticamente as questões postas em discussão no processo, a fim de afastar os erros de fato e de direito cometidos pelos órgãos jurisdicionais, causadores de prejuízos às partes

---

[48] DIAS. Ob. cit., p. 69.
[49] DIAS, Ronaldo. Ob. cit. p. 70.

ensejando a responsabilidade do Estado; d) possibilidade de melhor estruturação dos recursos eventualmente interpostos, proporcionando às partes precisa impugnação técnica e jurídica dos vícios e erros que maculam as decisões jurisdicionais, perante órgão jurisdicional diverso daquele que as proferiu, viabilizando a concretização dos princípios da recorribilidade e do duplo grau de jurisdição.[50]

A completa ausência de fundamentação, ou a sua presença de forma ineficaz, contrariando a Constituição Federal e, via de conseqüência, negando ao cidadão o seu direito a uma decisão que lhe demonstre (não confundir com convencimento), da maneira mais clara e inteligível possível, as razões da decisão, tem sido objeto das mais contundentes e acertadas críticas por parte de Calmon de Passos, quando afirma:

> Estamos acostumados, neste nosso país que não cobra responsabilidade de ninguém, ao dizer de magistrados leviados, que fundamentam seus julgados com expressões criminosas como estas: atendendo a quanto nos autos está fartamente provado... á robusta prova dos autos...ao que disseram as testemunhas... e outras leviandades dessa natureza que, se fôssemos apurar devidamente, seriam, antes de leviandades, prevaricações, crimes, irresponsabilidade e arbítrio, desprezo à exigência constitucional de fundamentação dos julgados, cusparada na cara dos falsos cidadãos que somos quase todos nós. Nós, advogados, que representamos os cidadãos em juízo, devemos nos mobilizar aguerridamente contra as sentenças desfundamentadas ou inadequadamente fundamentadas, quando se cuida de antecipação de tutela, arma de extrema gravidade em mãos de juízes inescrupulosos ou fáceis, num sistema em que não se consegue, jamais, responsabilizá-los. E isso para se preservar, inclusive, os muitos dignos e sacrificados magistrados, com os quais convivemos quotidianamente e cujo calvário acompanhamos, solidários. Vítimas da organização inadequada do nosso Judiciário e vítimas da concorrência malsã dos marginais da magistratura, privilegiados com o atual estado de coisas.[51]

---

[50] Idem, p. 150-151.
[51] CALMON DE PASSOS. *Inovações no Código de processo Civil*, p. 15-16.

Além de fundamentar a sua decisão, deve o juiz garantir às partes igualdade de condições e de tratamento e estar atento para as suas alegações. Dessa premissa não podem partir as partes à espera de uma decisão que venha, exclusivamente, atender aos seus interesses particulares, uma vez que "cabe ao juiz construir racionalmente a sua decisão, de forma a demonstrar que ela se conecta aos princípios morais insculpidos na história institucional de uma determinada comunidade e que, portanto, seus argumentos são aceitáveis".[52]

Dentro desse contexto, pode-se concluir que cabe ao juiz, juntamente com as partes (através das suas manifestações em contraditório, ampla defesa e isonomia, com presença de advogado), interpretar o texto legal para a sua aplicação. O que não significa dizer que o juiz possui ampla liberdade para decidir, inclusive, por critérios salomônicos, inspirados, apenas, na sua sabedoria, no seu equilíbrio e nas suas qualidades individuais, uma vez que, a partir daí, adverte Humberto Theodoro Júnior, "se isto pode funcionar na maestria de um juiz de extremada sensibilidade, apresenta-se, todavia, como sério risco de arbitrariedade e insegurança diante do comum dos julgadores".[53]

O que se busca em uma decisão judicial é a sua total desvinculação de critérios subjetivos. A decisão judicial deve estar submetida ao ordenamento jurídico vigente (princípio da reserva legal), quer esteja o cidadão diante de um juiz dotado de cultura jurídica, formação técnica, inteligência, sensibilidade e talento sobre-humanos (juiz Hércules) ou diante de um juiz humano e, por isso mesmo, falível.[54]

Com espeque naquilo que foi argumentado e provado pelas partes, respeitando-se, sempre, o contraditório e zelando para

---

[52] LEAL. Ob. cit., p. 61.
[53] THEODORO JÚNIOR. *Revista Síntese de Direito Civil e Processual Civil*, p. 16.
[54] DIAS. Ob. cit., p. 122.

a eqüidade entre as partes e mantendo-se delas eqüidistante, o juiz estará apto a decidir o litígio.

Já houve a oportunidade de se dizer que o juiz, ao decidir, deverá apreciar livremente a prova, atendendo aos fatos e circunstâncias constantes dos autos, ainda que não alegados pelas partes; mas deverá indicar, na sentença, os motivos que lhe formaram o convencimento. Esse é o norte determinado pelo artigo 131, do Código de Processo Civil, denominado pela doutrina de persuasão racional.[55]

Esta liberdade, no entanto, tem limites. O juiz está livre para apreciar a prova e formar o seu convencimento, mas deverá ater-se àquilo que foi produzido nos autos sendo-lhe proibido recorrer a fatos e/ou circunstâncias neles inexistentes. O fato de ele, o juiz, ter deixado de ser um mero espectador não lhe dá o direito de decidir à sua maneira, sem regras, normas ou princípios, de forma arbitrária, autoritária ou aleatória.

Em arrimo ao que acima foi dito, Ronaldo Brêtas adverte que:

> os órgãos jurisdicionais, ao proferirem suas decisões, cumprindo e finalizando a função jurisdicional, deverão fazê-lo direcionados pelo princípio da vinculação ao Estado Democrático de Direito. Este princípio se otimizará pela incidência articulada de dois outros princípios, ou subprincípios concretizadores (Larenz), no ato estatal de julgar. Nessa ótica, os princípios concretizadores daquele princípio maior vêm a ser o princípio da supremacia da Constituição e o princípio da reserva legal (ou princípio da prevalência da lei). [56]

Na apreciação da prova, o juiz formará livremente o convencimento. Mas o próprio texto condiciona essa liberdade, exigindo que a convicção se forme em face dos fatos e circunstâncias

---

[55] "O juiz apreciará livremente a prova, atendendo aos fatos e circunstâncias constantes dos autos, ainda que não alegados pelas partes; mas deverá indicar, na sentença, os motivos que lhe formaram o convencimento."

[56] DIAS. Ob. cit., p. 132.

constantes dos autos. Quer dizer que o juiz deverá formar consciência da verdade pela livre apreciação das provas colhidas, constantes dos autos, sendo-lhe vedado valer-se de fatos e circunstâncias que não tenham sido carreados para o processo. Constantes dos autos, os fatos e circunstâncias estão sujeitos à sua livre interpretação, ainda que não alegados pela parte. Vale dizer, desde que constantes dos autos, mesmo que as partes a eles não se referiram ou queiram ocultá-los, o juiz os levará em conta na formação de seu convencimento.

Sobre a relativa liberdade do juiz ao julgar, Rosemiro Pereira Leal, citando Friedrich Müller, adverte:

> No Estado Democrático de Direito, o jurista não pode brincar de pretor romano. Os poderes executantes (ausführenden) Executivo e Judiciário não estão apenas instituídos e não são apenas controlados conforme o Estado de Direito; estão também comprometidos com a democracia.[57]

Dessa forma, o provimento jurisdicional no Estado Democrático de Direito deve ser alcançado através de uma interpretação mútua dos textos legais, através da dialética existente nas razões e nas contra-razões das partes envolvidas no processo e sujeita ao ato sentencial, por meio de um procedimento realizado em contraditório, em que o juiz é parte integrante dessa interpretação, mas não mais o seu senhor absoluto, eis que, repita-se, deve-se ater aos princípios que norteiam o processo como garantia constitucional, ou seja, o Devido Processo Legal, como direito do cidadão e não mais como mera relação jurídica, como entende a Escola Paulista de processo, conforme já tivemos a oportunidade de demonstrar no Capítulo 3 deste trabalho.

Nesse diapasão, são sempre bem lembrados, novamente, os ensinamentos de Ronaldo Brêtas, quando afirma que:

---

[57] DIAS. Ob. cit., p. 106.

Em face do caráter dialético do processo, os argumentos e contra-argumentos das partes são traços marcantes do procedimento em contraditório. Os argumentos consistem, então, nas razões de justificação deduzidas pelas partes, no procedimento em contraditório, em torno das questões de fato e de direito processual ou material discutidas, com o objetivo de demonstrarem conseqüências ou conseguirem deduções. Acentua Carnelutti que a decisão é obtida resolvendo-se as questões discutidas no processo, razão pela qual as questões a serem resolvidas convertem-se em razões da discussão e estas serão as razões da decisão. Atentos a essas formulações teóricas, na tentativa de se estabelecer distinção técnica entre argumentos e questões e suas correlações com os princípios do contraditório e da fundamentação, chegamos à conclusão de que, no processo, as razões de justificação (argumentos) das partes, envolvendo as razões da discussão (questões), produzidas em contraditório, constituirão base para as razões da decisão, e aí encontramos a essência do dever de fundamentação, permitindo a geração de um pronunciamento decisório participado e democrático.[58]

5 O provimento jurisdicional e seus efeitos

As decisões judiciais, uma vez tomadas seguindo-se o que anteriormente foi dito, isolam-se dos motivos e do grau de participação dos interessados e imunizam-se contra novas razões ou resistências que se pensasse em opor-lhes, chegando a um ponto de firmeza que se qualifica como estabilidade e que varia de grau conforme o caso.

O mais elevado grau de estabilidade dos atos estatais é representado pela coisa julgada, que a doutrina mais conceituada define como imutabilidade da sentença e de seus efeitos, com a vigorosa negação de que ela seja mais um dos efeitos da sentença. Não há dois institutos diferentes ou autônomos representados pela coisa julgada formal e pela material. Trata-se de dois aspectos do mesmo fenômeno de imutabilidade, ambos responsáveis pela

---

[58] DIAS. Ob. cit., p. 148.

segurança nas relações jurídicas; a distinção entre coisa julgada formal e material revela somente que a imutabilidade é uma figura de duas faces, não dois institutos diferentes.

A coisa julgada material é a imutabilidade dos efeitos substanciais da sentença de mérito. Quer se trate de sentença meramente declaratória, constitutiva ou condenatória, ou mesmo quando a demanda é julgada improcedente, no momento em que já não couber recurso algum se institui entre as partes e em relação ao litígio em que foi julgada uma situação, ou estado, de grande firmeza quanto aos direitos e obrigações que os envolvem, ou que não os envolvem. Esse *status*, que transcende a vida do processo e atinge a das pessoas, consiste na intangibilidade das situações jurídicas criadas ou declaradas, de modo que nada poderá ser feito por elas próprias, nem por outro juiz, nem pelo próprio legislador que venha a contrariar o que houver sido decidido. Não se trata de imunizar a sentença como ato do processo, mas os efeitos que ela projeta para fora deste e atingem as pessoas em suas relações — e daí a grande relevância social do instituto da coisa julgada material, que a Constituição assegura (art. 5º, inc. XXXVI) e a lei processual disciplina (art. 467 e seguintes).[59]

Entretanto, na concepção de Estado Democrático de Direito sob a égide do qual realiza-se este trabalho, para que a decisão judicial possa alcançar essas feições, é necessário que ela esteja adstrita às leis emanadas da vontade popular, vale dizer, as decisões judiciais nada mais são do que o reflexo da vontade do povo emanadas nas leis que este mesmo povo aprovou ou fez aprovar. Prova é tanto que as legislações mais modernas, por exemplo, a

---

[59] Não é por nós desconhecida a norma contida no parágrafo único, do artigo 741, do Código de Processo Civil, que instituiu em nosso Direito a relativização da coisa julgada inconstitucional, nem tampouco a regra do §1º do artigo 475-L, da Lei nº 11.232, de 22.12.2005, que melhorou, e muito, o entendimento do que venha ser coisa julgada inconstitucional. Entretanto, não abordaremos este tema, já que não é objetivo deste trabalho.

Constituição italiana, em seu artigo 101, declara que "a justiça é administrada em nome do povo" (*la giustizia é amministrata in nome del popolo*). Da mesma forma, o Código de processo Civil italiano, no seu artigo 132, prescreve que "a sentença é pronunciada em nome do povo italiano" (*la sentenza é pronunciata in nome del popolo italiano*). Nessa linha, o novo Código de processo Civil francês (*noveau Code de procèdure civile français*), no artigo 454, preceitua que "o julgamento é entregue em nome do povo francês" (*lê jugement est rendu au nom de peuple francais*).[60]

Nesta esteira de entendimento, ou seja, de que as decisões judiciais são tomadas em nome do povo, Müller adverte que:

> Os poderes executantes (*ausführenden*) Executivo e Judiciário não estão apenas instituídos e não são apenas controlados conforme o Estado de Direito; estão também comprometidos com a democracia. O povo ativo elege os seus representantes; do trabalho dos mesmos resultam (entre outras coisas) os textos das normas; estes são, por sua vez, implementados nas diferentes funções do aparelho do Estado; os destinatários, os atingidos por tais atos são parcialmente todos, a saber, o povo, enquanto população. Tudo isso forma uma espécie de ciclo (*kreislauf*) de atos de legitimação, que em nenhum lugar pode ser interrompido (de modo não-democrático). Esse é o lado democrático do que foi denominado estrutura de legitimação.[61]

Pode-se concluir, então, que a decisão judicial, manifestação estatal delegada pelo povo, só pode ser proferida sob a inspiração do paradigma do Estado Democrático de Direito, se ela, a decisão, estiver adstrita aos princípios que norteiam o Devido processo Legal (contraditório, ampla defesa, isonomia, presença do advogado) e com a mais absoluta observância ao texto legal emanado do povo, de maneira direta (plebiscito, referendo) ou indireta (através dos seus representantes) e que a sua aplicação seja precedida da mais ampla fiscalidade (teoria neo-institucionalista

---

[60] DIAS. Ob. cit., p. 76.
[61] MÜLLER. Ob. cit., p. 60.

do processo) sem espaço para que o juiz julgue de acordo com o seu livre convencimento ou prudente arbítrio, sob pena de manifesta inconstitucionalidade.

Nesse diapasão, Ronaldo Brêtas ensina que:

> Em razão disso, essa manifestação de poder do Estado, exercido em nome do povo, que se projeta no pronunciamento jurisdicional, é realizada sob rigorosa disciplina constitucional principiológica (devido processo constitucional), só podendo agir o Estado, se e quando chamado a fazê-lo, dentro de uma estrutura metodológica construída normativamente (devido processo legal), de modo a garantir adequada participação dos destinatários na formação daquele ato imperativo estatal, afastando qualquer subjetivismo ou ideologia do agente público decisor (juiz), investido pelo Estado do poder de julgar, sem espaço para a discricionariedade ou a utilização de hermenêutica canhestra, fundada no "prudente (ou livre) arbítrio do juiz", incompatível com os postulados do Estado Democrático de Direito, como, ao contrário, até hoje e infelizmente, alguns doutrinadores supõem e apregoam. [62]

---

[62] DIAS. Ob. cit., p. 86.

Referências

ALMEIDA, Andréa Alves de. A efetividade, eficiência e eficácia do processo no Estado Democrático. In: LEAL, Rosemiro Pereira (Coord.). *Estudos continuados de teoria do processo*. Porto Alegre: Síntese, 2000. v. 4.

ALMEIDA, Andréa Alves de. *Processualidade jurídica e legitimidade normativa*. Belo Horizonte: Fórum, 2005.

ANDOLINA, Ítalo; VIGNERA, Giuseppe. *I fondamenti constituzionali della giustizia civile*. Torino: G. Giappichelli, 1997.

ARAÚJO, Marcelo Cunha de. *O novo processo constitucional*. Belo Horizonte: Mandamentos, 2003.

BANDEIRA DE MELLO, Celso Antônio. *Conteúdo jurídico do princípio da igualdade*. 3. ed. São Paulo: Malheiros, 2001.

BARACHO, José Alfredo de Oliveira. *Processo constitucional*. Rio de Janeiro: Forense, 1984.

BOBBIO, Norberto. *O positivismo jurídico*. Lições de filosofia do direito. Tradução e notas de Márcio Publiesi, Édson Bini e Carlos E. Rodrigues. São Paulo: Ícone, 1995.

BÜLOW, Oskar Von. *La teoria de las Excepciones Procesales y los presupuestos Procesales*. Traducción de Miguel Algel Rosas Lichteschein. Buenos Aires: Ediciones Jurídicas Europa-América, 1964.

CALMON DE PASSOS, José Joaquim. A crise do Poder Judiciário e as reformas instrumentais: avanços e retrocessos. In: MERLE, Jean-Christophe; MOREIRA, Luiz (Org.). *Direito e legitimidade*. São Paulo: Landy, 2000.

CALMON DE PASSOS, José Joaquim. *Inovações no Código de processo Civil*. Rio de Janeiro: Forense, 1995.

CANOTILHO, José Joaquim Gomes. *Direito constitucional e constituição*. 5. ed. Coimbra: Almedina, 2002.

CAPPELLETTI, Mauro. *O controle judicial de constitucionalidade das leis no direito comparado*. Tradução de Aroldo Plínio Gonçalves. Porto Alegre: Fabris, 1984.

CARVALHO NETO, Menelick de. Pequeno exercício de teoria da Constituição. *Fórum Administrativo - Direito Público -FA*, Belo Horizonte, n. 1, mar. 2001.

CARREIRA ALVIM, José Eduardo. *Elementos de teoria geral do processo*. Rio de Janeiro: Forense, 1998.

CATTONI DE OLIVEIRA, Marcelo Andrade. *Devido processo legislativo*. Belo Horizonte: Mandamentos, 2000.

CATTONI DE OLIVEIRA, Marcelo Andrade. *Direito processual constitucional*. Belo Horizonte: Mandamentos, 2001.

CATTONI DE OLIVEIRA, Marcelo Andrade. *Teoria discursiva da argumentação jurídica e tutela jurisdicional dos direitos fundamentais*. Texto inédito.

CINTRA, Antônio Carlos de Araújo; GRINOVER, Ada Pelegrini; DINAMARCO, Cândido Rangel. *Teoria geral do processo*. 16. ed. São Paulo: Malheiros, 2000.

COELHO NUNES, Dierle José. O princípio do contraditório. *Boletim Técnico da Escola Superior de Advocacia*, v. 1, p. 39-55, jan./jul. 2004.

COELHO NUNES, Dierle José. *O Recurso como possibilidade jurídico-discursiva das garantias do contraditório e da ampla defesa*. Dissertação (Mestrado em Direito Processual) - Pontifícia Universidade Católica de Minas Gerais, Faculdade Mineira de Direito, Belo Horizonte, 2003.

COSTA, Regenaldo da. *Direito e legitimidade*. Coordenação de Luiz Moreira. São Paulo: Landy, 2003.

COUTURE, Eduardo J. *Introdução ao estudo do processo civil*. 3. ed. Rio de Janeiro: Forense, 2001.

CRUZ E TUCCI, José Rogério. *Lineamentos da nova reforma do CPC*. São Paulo: Revista dos Tribunais, 2002.

CRUZ JÚNIOR, Jeziel Rodrigues; LEAL DA ROCHA, Líbero Cristiano; PIMENTA, Luciana Pereira. A teoria processual de Jaime Guasp Delgado. In: LEAL, Rosemiro Pereira (Coord.). *Estudos continuados de teoria do processo*. São Paulo: Thomson/IOB, 2005. v. 6, p. 120-174.

DALLARI, Dalmo de Abreu. *Elementos da teoria geral do Estado*. 22. ed. São Paulo: Saraiva, 2001.

DEL NEGRI, André. *Controle de constitucionalidade no processo legislativo*: teoria da legitimidade democrática. Belo Horizonte: Fórum, 2003.

DIAS, Ronaldo Brêtas C. A Reforma do Judiciário e os princípios do devido processo legal e da eficiência. *Revista da Ordem dos advogados do Brasil*, ano 35, n. 80, p. 113, jan./jun. 2005.

DIAS, Ronaldo Brêtas C. *A Responsabilidade do Estado pela função jurisdicional*. Belo Horizonte: Del Rey, 2004.

DINAMARCO, Cândido Rangel. *A instrumentabilidade do processo*. São Paulo: Malheiros, 1999.

DWORKIN, Ronald. *O império do direito*. Tradução de Jefferson Luiz Camargo. São Paulo: Martins Fontes, 1999.

FAZZALARI, Elio. *Istituzioni di Diritto Processuale*. 6. ed. Padova: CEDAM, 1992.

FAZZALARI, Elio. *Istituzioni di Diritto Processuale*. 8. ed. Padova: CEDAM, 1996.

GALLUPO, Marcelo Campos. *Elementos para uma compreensão metajurídica do processo legislativo*. Belo Horizonte: Movimento Editorial da Faculdade de Direito da UFMG, 1995. (Teoria geral do processo Civil, Cadernos da Pós-graduação)

GALLUPO, Marcelo Campos. *Igualdade e diferença*: Estado Democrático de Direito a partir do pensamento de Habermas. Belo Horizonte: Mandamentos, 2002.

GOLDSCHMIDT, James. *Princípios gerais do processo civil*. Belo Horizonte: Líder, 2002.

GONÇALVES, Aroldo Plínio. *Técnica processual e teoria do processo*. São Paulo: Aide, 2001.

GOUVÊA MEDINA, Paulo Roberto de. A Emenda 45/2004 e o Direito Processual Constitucional. *Revista da Ordem dos advogados do Brasil*, n. 80, ano 35, p. 95, jan./jun. 2005.

GUASP, Jaime. *La pretensión procesal*. 2. ed. Madrid: Civitas, 1985.

GUERRA FILHO, Willis Santiago. *A filosofia do direito aplicada ao direito processual e à teoria da Constituição*. 2. ed. São Paulo: Atlas, 2002.

HABERMAS, Jürgen. *Direito e democracia*: entre facticidade e validade. Tradução de Flávio Breno Siebeneischeler. Rio de Janeiro: Tempo Brasileiro, 2003.

KAUFMANN, Arthur. A problemática da filosofia do direito ao longo da história. In: KAUFMANN, Arthur; HASSEMER, W. (Org.). *Introdução à filosofia do direito*. Lisboa: Fundação Calouste Gulbenkian, 2002.

LEAL, André Cordeiro. *O contraditório e a fundamentação das decisões no direito processual democrático*. Belo Horizonte: Mandamentos, 2003.

LEAL, Rosemiro Pereira. Isonomia processual e igualdade fundamental a propósito das retóricas ações afirmativas. *Revista Jurídica UNIJUS*, v. 6., ago. 2003.

LEAL, Rosemiro Pereira. *Teoria geral do processo*: primeiros estudos. 4. ed. Porto Alegre: Síntese, 2000.

LEAL, Rosemiro Pereira. *Teoria geral do processo*: primeiros estudos. 5. ed. Porto Alegre: Síntese, 2004.

LEAL, Rosemiro Pereira. *Teoria geral do processo*: primeiros estudos. 6. ed. Thomson/IOB, 2005.

LEAL, Rosemiro Pereira. *Teoria processual da decisão jurídica*. São Paulo: Landy, 2002.

LEÃO LARA, Leonardo Augusto; CARVALHO, Newton Teixeira; PENNA, Saulo Versiani. Processo, ação e jurisdição em Fazzalari. In: LEAL, Rosemiro Pereira (Coord.). *Estudos Continuados de teoria do processo*. Porto Alegre: Síntese, 2004. v. 5. p. 243-346.

MADEIRA, Dhenis Cruz; VELLOSO, Flávia Dolabella; MAIA JÚNIOR, Helvécio Franco; NEVES, Isabela Dias. Processo, Jurisdição e Ação em James Goldschmidt. In: LEAL, Rosemiro Pereira (Coord.). *Estudos continuados de teoria do processo*. São Paulo: Thomson/IOB, 2005. v. 6, p. 54-117.

MAQUIAVEL. *O Príncipe*. Tradução de Livio Xavier. Rio de Janeiro: Ediouro, 2000.

MARINONI, Luiz Guilherme. *Novas linhas do processo civil*. São Paulo: Malheiros, 1996.

MOREIRA, Luiz. *Fundamentação do direito em Habermas*. 2. ed. Belo Horizonte: Mandamentos, 2002.

MÜLLER, Friedrich. *Quem é o povo?*. A questão fundamental da democracia. Tradução de Peter Naumann. São Paulo: Max Limonad, 1998.

NERY JÚNIOR, Nelson. *Princípios do processo civil na Constituição Federal*. 6. ed. São Paulo: Revista dos Tribunais, 2000.

NUNES, Dierle José Coelho. O princípio do contraditório. *Boletim Técnico da ESA/MG*, v.1, jan./jul. 2004.

PIMENTA, André Patrus Ayres; MARQUES, Cláudio Gonçalves; QUEIROZ, Flávia Gonçalves de, VIEIRA, Lara Piau. Processo, ação e jurisdição em Chiovenda. In: LEAL, Rosemiro Pereira. *Estudos continuados de teoria do processo*. São Paulo: Thomson/IOB, 2004. v. 5.

POPPER, Karl R. *Autobiografia intelectual*. Tradução de Leônidas Hegenberg e Octanny Silveira da Mota. São Paulo: Cultrix, 1997.

POPPER, Karl R. *Sociedade aberta e seus inimigos*. Belo Horizonte: Itatiaia; São Paulo: Edusp, v. 1.

SILVA, Ovídio A. Batista da. *Curso de processo civil*. 6. ed. São Paulo: Revista dos Tribunais, 2002. (Processo de conhecimento, v. 1)

SOARES, Mário Lúcio Quintão. *Teoria do Estado*: o substrato clássico e os novos paradigmas como pré-compreensão para o direito constitucional. Belo Horizonte: Del Rey, 2001.

SOUZA CRUZ, Álvaro Ricardo de. *Jurisdição constitucional democrática*. Belo Horizonte: Del Rey, 2004.

SOUZA CRUZ, Álvaro Ricardo de. *O direito à diferença*. Belo Horizonte: Del Rey, 2003.

THEODORO JÚNIOR, Humberto. O novo processo civil. *Revista Síntese de Direito Civil e Processual Civil*, Porto Alegre, v. 14, p. 38.

TORNAGHI, Hélio. *A relação processual penal*. 2. ed. São Paulo: Saraiva, 1987.

TUCCI, José Rogério Cruz. *Lineamentos da nova reforma do CPC*. São Paulo: Revista dos Tribunais, 2002.

VIERA, José Marcos Rodrigues. *Da Ação Cível*. Belo Horizonte: Del Rey, 2002.

Esta obra foi composta em fontes New Baskerville e
Humnst 777, corpo 11/15,5 e impressa em papel Offset
75g (miolo) e Supremo 250g (capa) pela Editora e Gráfica
O Lutador. Belo Horizonte/MG, setembro de 2008.